LA ORIENTACIÓN PALPITANTE

Reflexiones sobre educación y vida desde la psicopedagogía y el corazón

ANA COBOS CEDILLO

50

1969-2019
ENTRE LIBROS
EN LA CIUDAD DE MÁLAGA

ediciones
del Genal

©*Ana Cobos Cedillo*

Autora: *Ana Cobos Cedillo*
Título: *La orientación palpitante. Reflexiones sobre educación y vida desde la psicopedagogía y el corazón*
Maquetación: *J. Cobos*
Edita: *Promotora Cultural Malagueña*
Coordina: *Ediciones del Genal*
Colabora: *Librerías Proteo y Prometeo*
Depósito Legal: *MA.1407-2023*
ISBN: *978-84-18896-92-7*

©*De esta edición: Ediciones del Genal*

Impreso en España / Printed in Spain
Málaga 2024

LA ORIENTACIÓN PALPITANTE

Reflexiones sobre educación y vida
desde la psicopedagogía y el corazón

ANA COBOS CEDILLO

A las mujeres de mi vida:
Paca, Dolores, Laura, Elena, Anita
y, por supuesto, Chon

LA METÁFORA DE HÖLDERLIN

Ana Cobos es una profesional como la copa de un pino. Una profesional de la orientación educativa. Decir Ana Cobos es decir educación, orientación, compromiso y entusiasmo. Decir Ana Cobos es decir trabajo, innovación y amor a la profesión.

Como orientadora de IES, sabe lo que es la tarea desbordante de ayudar a los profesores y a las profesoras, a las familias, al alumnado y al equipo directivo. Sabe que lo que le piden los alumnos a los orientadores y a las orientadoras es lo siguiente: «Ayúdame a hacerlo solo». Conoce la hermosa metáfora de Hölderlin que dice que los educadores forman a sus educandos como los océanos forman los continentes, retirándose. Si las aguas no se retiran, el continente no emerge. La tentación de las aguas es anegar la tierra como la de los educadores es pensar, decidir y responsabilizarse por los educandos.

La tarea de la orientación me es especialmente cercana y querida porque mi mujer le ha dedicado una buena parte de su vida profesional como jefa del Departamento de Orientación de varios institutos de enseñanza secundaria. Obtuvo una plaza en las primeras oposiciones que se convocaron en el año 1992. Por otra parte, he escrito algunos textos sobre esta parcela de la pedagogía y participado en muchas experiencias de formación de estos profesionales que han transformado la filosofía de las instituciones en las que trabajan.

Su trabajo es arduo y complejo (muchas veces desbordante) y su papel se ha ido consolidando y enriqueciendo a través de la experiencia y de la investigación. Digamos que su buen hacer ha conseguido consolidar su presencia y su actividad en las instituciones. Ellas y ellos son los mejores aliados, si no los promotores, de cualquier innovación.

Sobre la dificultad de su tarea, quizás la misma Ana me haya oído contar dos historias antagónicas. Una referida a las deficiencias de los asesorados y asesoradas y otra a la ingenuidad de los orientadores y orientadoras.

En la primera cuento que una orientadora visita las aulas de un centro y ve, en una de ellas, a un profesor completamente abandonado mientras sus alumnos gritan, saltan y se arrojan objetos unos a otros. La orientadora llama a la puerta y le pregunta al profesor qué es lo que le pasa con el grupo. El profesor le dice que los alumnos son insoportables, vagos e irresponsables y que él ha arrojado la toalla. «Si no quieren aprender, que no aprendan».

La orientadora le dice que aprender es apasionante y que se fije en ella unos momentos. En su bolso (ese Arca de Noé que es el bolso de algunas mujeres) encuentra un corcho de botella. Llama a atención de los niños y les pregunta:

—¿Qué es esto?

—Un corcho —contestan a coro.

—Si arrojo el corcho a un vaso lleno de agua, ¿qué pasa?

—Que flota.

—¿Por qué flota el corcho? —pregunta la orientadora.

Los alumnos se atropellan dando explicaciones: porque la densidad del agua…, porque el corcho pesa menos…, porque…

—Y si, en lugar de un corcho, ¿tiro una piedra? ¿Flotará la piedra? —pregunta la orientadora

—No, la piedra no flota porque…

Luego, la orientadora pregunta de dónde viene ese corcho. Alguien dice que de la madera y de los árboles. La orientadora pregunta por nombres de árboles y los alumnos se quitan la palabra para ir diciendo nombres de árboles: el chopo, el, el roble, la encina, el ciprés, el manzano, el cerezo, la higuera…

—¿Quién me puede contar ahora alguna historia donde aparecen árboles?

—Yo, yo, yo…, van diciendo los alumnos.

La orientadora, muy en su papel, le dice entonces en un aparte al profesor:

—¿Ve usted? Este grupo que estaba abandonado y había dejado por imposible se ha puesto a trabajar de forma entusiasta y cooperativa.

—Muchas gracias, orientadora, me ha salvado de un suicidio profesional. Estaba cansado, desalentado y entristecido, pero usted me ha abierto los ojos del alma y ha despertado mi corazón dormido.

Se va la orientadora, muy satisfecha de su iniciativa y de su ayuda. Pasados quince días vuelve al aula y mira por el ojo de buey de la puerta esperando ver a ese grupo trabajando con tranquilidad y concentración. Pero observa que está peor que en la ocasión anterior. Hay más desorden, más gritos y más risas. Llama a la puerta y al entrar, ve cómo el profesor corre a su encuentro y le dice, con tono de reproche:

—Pero, por el amor de Dios, ¿dónde puso usted el corcho?

La segunda historia tiene que ver con otro riesgo. El opuesto al descrito. Aquel en el que la acción orientadora resulta inútil porque es presuntuosa, innecesaria y ridícula.

Un orientador sale de buena mañana a buscar situaciones en las que pueda intervenir y justificar el sueldo que le pagan. Va recorriendo la ciudad hasta llegar a un lugar en el que ve una escena propicia para orientar a las personas. Delante del pórtico de una iglesia católica hay un mendigo pidiendo limosna. Tiene un cartel colgado del cuello que dice: «judío pobre». No tiene ni una moneda en su cestita. A pocos metros se encuentra otro mendigo con un cartelito colgado del cuello que dice: «católico pobre». Este tiene la cesta casi llena de monedas de distinto valor.

Con mucho aplomo, se dirige al judío pobre, se presenta como un orientador que realiza su trabajo gratuitamente y le pregunta:

—¿Quiere usted que le ayude?

—Claro que sí.

—¿Sabe usted que este es un templo católico?

—Sí, señor, contesta el judío pobre.

—¿Sabe que cerca de usted hay un católico pobre pidiendo limosna?

—Sí, lo sé.

—Pues mire, cámbiese usted de sitio o quítese usted el cartel. Como ve, nadie le está dando nada.

—Muchas gracias, señor orientador, dice el mendigo, con media sonrisa dibujada en la boca.

El orientador se va, muy orgulloso de su eficaz tarea. Cuando ya no le oye, el judío pobre le grita al católico pobre.

—Oye, mira, otro que venía a enseñarnos *marketing*.

Por no hablar de otros peligros que amenazan el éxito de la tarea. Solamente uno más. El dedicar todo el tiempo y el esfuerzo a curar las heridas que produce el sistema, en lugar de dedicar el tiempo y el esfuerzo a conseguir que el sistema no las produzca.

Hace años, tuve la satisfacción de dirigir la tesis doctoral de Ana Cobos. Una tesis de las que se aprende y disfruta. Cómo no: sobre orientación. Sobresaliente cum laude. Ana es una de las responsables de que la orientación en España haya ido ganando prestigio y ocupando el espacio que merece. Porque cree en lo que hace y porque estudia, investiga, lucha y comparte.

Es presidenta de COPOE (Confederación de Organizaciones de Psicopedagogía y Orientación en España) y dirige con eficacia y entusiasmo la revista de la Confederación (*Educar y orientar*) en la que se reflexiona, se informa, se comparte, y se forma a los y a las profesionales de la psicopedagogía y de la orientación.

Ahora publica este libro que ya desde el título desborda compromiso y pasión por la tarea. Se trata de una compilación de artículos publicados anteriormente y ahora presentados en este formato que exige un esfuerzo de selección, estructuración y unificación. Fueron publicados en diferentes medios, entre ellos, las revistas *Magisterio*, *Escuela*, *Entre estudiantes*, *Educaweb*, *Educar y Orientar (Revista COPOE)*,

Aula de Secundaria, *Revista Española de Orientación y Pedagogía* y *Cuadernos de Pedagogía*.

Divide el libro en seis capítulos (cada uno consta de seis artículos), todos relacionados con la educación, el último íntegramente dedicado a la Orientación. Cada uno de los artículos lleva su fecha de publicación inicial («para que pueda ser contextualizado en su coyuntura sociohistórica y política», dice la autora) y la referencia de la revista correspondiente.

Aunque solo un capítulo se centra en el núcleo temático de la obra, todos pasan por el prisma de su experiencia y de su condición de orientadora. De modo que, toda la obra es un compendio de perspectivas acerca de la orientación. No habla, pues, del profesorado sino de la visión de una orientadora sobre los profesionales de la enseñanza. Lo mismo podría decirse de los cuatro temas restantes.

Los artículos son reflexiones de una orientadora, nacidas de las inquietudes que suscita la práctica y el deseo de comprenderla profundamente. Como es lógico, al ser publicados se consuma el deseo de compartir las ideas y las experiencias con los demás.

Desde el título, en espejo de «La cuestión palpitante», de Emilia Pardo Bazán, se manifiesta cómo vive Ana Cobos la orientación. El título habla del contenido del libro y también de la personalidad de su autora. Ella dice: «Una orientación que palpita, late como los latidos del corazón cuando está vivo porque la orientación siempre es inquieta, transversal y comprometida con la educación».

Ana escribe con un estilo claro y asequible. No cree que la profundidad esté alejada de la sencillez. Y hace muchas referencias a la experiencia que vive. Este es un libro que nace de la práctica y que se dirige a la práctica.

La obra de Ana Cobos es de interés para los y las profesionales de la orientación, pero también para cualquier docente mínimamente preocupado por su trabajo, para las familias e, incluso, para los ciudadanos y ciudadanas a quienes importa la educación. No olvidemos que la historia de la humanidad es una larga carrera entre la educación y la catástrofe. Todos y todas hemos de estar del lado de la educación. Como Ana.

Miguel Ángel Santos Guerra
Catedrático Emérito
de la Universidad de Málaga

PRESENTACIÓN

La orientación palpitante es una obra que reúne artículos escritos por una orientadora que cada día acude al centro escolar donde trabaja y que, afortunadamente, nunca deja de asombrarse por las situaciones que la realidad le presenta. Desde los múltiples escenarios del sistema educativo se manifiestan cada día circunstancias que superan la ficción, que sorprenden y dejan boquiabiertos, que hacen brotar reflexiones, pensamientos, razonamientos, exclamaciones, muchas risas, sonrisas y también alguna lágrima o pellizco en el corazón.

Estas sensaciones se esfuman con rapidez pues la realidad educativa es muy volátil, una vorágine donde las situaciones se suceden tan rápido que apenas da tiempo de reflexionar sobre ellas. Pocos son los que se detienen un momento para interrumpir la trepidante melodía educativa y plasmar por escrito algún momento peculiar, de los muchos que acontecen y sentimos cada día en los centros.

Esta recopilación tiene dos claras referencias bibliográficas que han servido de inspiración: *La cuestión palpitante* de Emilia Pardo Bazán y *El norte del corazón* de Miguel Ángel Santos Guerra. De la primera se parafrasea el título y ese sentir de la rebeldía crítica de ser mujer. Del segundo se toman prestados los conceptos «norte», algo imprescindible para quien orienta, y «corazón» lo que debería estar presente en el ánimo de quienes trabajan en educación, como siempre contagia el gran maestro Santos Guerra, a quien agradezco que me haya prologado este libro.

Emilia Pardo Bazán publicó *La cuestión palpitante* en 1882. En él recopilaba veinte artículos sobre literatura. Profundizada con gran valentía en la polémica de entonces entre las dos corrientes literarias que se enfrentaban como antagónicas: realismo y naturalismo. Precursora feminista, no era habitual que las mujeres entraran en estas disquisiciones, de modo que Leopoldo Alas Clarín en el prólogo del libro, dijo de ella: «La señora Pardo Bazán ha escrito una obra que he leído: *La cuestión palpitante*. Es un libro muy bien hecho, de fogosa polémica: no parece libro de señora; aquellas páginas no han podido escribirse en el tocador».

La orientación palpitante pretende seguir la estela de estas mujeres comprometidas y valientes, que son trabajadoras, hijas y madres, que usan el tocador y además reflexionan y escriben.

Una orientación que palpita, late como los latidos del corazón cuando está vivo porque la orientación siempre es inquieta, transversal y comprometida con la educación. Corazón y norte, hacia el que se dirige la orientación. Un norte como meta y utopía: la felicidad o el bienestar de las personas.

En esta obra se recogen treinta y seis artículos a modo de instantáneas que muestran situaciones acaecidas en el contexto educativo donde la autora ha tomado la fotografía y comparte una reflexión sobre ella. Son siempre realidades extrapolables a cualquier otro centro escolar, pues si bien cada comunidad educativa tiene su propia partitura, la melodía escolar suena parecida en casi todos los centros. Este oxímoron es perfectamente comprensible para cualquiera que conozca el sistema educativo.

La presente publicación tiene como objetivo que estas situaciones no se pierdan en el olvido y sirvan para la construcción de una memoria del sistema educativo en la que quienes lo conocen puedan re-conocerse. Porque este registro colectivo de la memoria debe poder compartirse para que la ciudadanía conozca y valore más lo que se cuece en las cocinas de la educación, porque de ella depende el futuro de todos y el bienestar de la humanidad.

Todos los artículos que se recogen en esta obra han sido publicados en revistas especializadas en educación. La selección de estos se ha abordado considerando tres criterios, siendo los dos primeros: temporalidad y relevancia.

Temporalidad porque se ha tenido en cuenta que los textos tuvieran vigencia en el momento en que ve la luz la obra de compilación, de modo que resultaran frescos para la persona que lee, así como oportunos en el tiempo.

El criterio de relevancia obedece a la idea de que además de vigentes sean pertinentes y propicien aportaciones de interés para la actualidad. Desgraciadamente, la maquinaria de la educación es tan parsimoniosa que pasan las décadas y se siguen manteniendo las mismas polémicas coyunturales y, lo que aún es peor, los mismos males estructurales. De hecho, se puede jugar a adivinar la fecha de textos sobre educación con similar contenido como si se tratara de vaticinar títulos de películas y sorprendernos de que en el siglo II se dijo lo mismo que lo que escuchamos el martes en la sala de profesorado de nuestro centro.

El tercer criterio, el más importante, es el corazón. De hecho, es el hilo conductor de todos los bloques. El corazón conduce y guía porque todas estas reflexiones nacen de un momento de perturbación, de un encuentro inesperado con la realidad que ha producido una conmoción, una emoción que encontraba en la reflexión escrita un vehículo para transformarla en razonamiento y de ahí en artículo que poder compartir.

La obra de compilación se compone de seis bloques en los que se agrupan los artículos en función de la temática que abordan. El primero de ellos corresponde a los que tratan sobre el sistema educativo en general, recopilando asuntos como la evaluación, la pedagogía o el amor. De ahí que este bloque se denomine «La fuerza del corazón», pues se entiende la educación como un motor que es capaz de cambiar el mundo para bien, para mejorarlo.

El segundo y tercer bloque abordan temas vinculados al profesorado y al alumnado, respectivamente. Se denominan sístole, el segundo y diástole, el tercero. Sístole como el movimiento que lleva la sangre al corazón, considerando al profesorado como los profesionales responsables de hacer posible el proceso educativo. Los docentes mueven los hilos en las comunidades educativas y acercan la educación a los centros y al alumnado. La diástole tiene la función de llenar de sangre del corazón, igual que el alumnado crece y se enriquece en su comunidad educativa. Los estudiantes son el objetivo de todo movimiento del sistema educativo, son el centro de la diana de todas las acciones. Sístole y diástole mueven a rítmico compás a docente y discente, en paralelo y en armonía a enseñar y aprender.

La diversidad es el hilo conductor de los bloques cuarto y quinto. En el cuarto se agrupan artículos que versan sobre la igualdad de género y diversidad sexual ya que en la práctica educativa se abordan intensamente estas temáticas al constituir elementos muy importantes en el desarrollo de las personas. De forma similar, el quinto se dedica a la inclusión y al ámbito de la atención a la diversidad. Son estos unos de los grandes pilares de la orientación educativa, claves del éxito del sistema educativo en tanto en cuanto comunidad educativa toma conciencia de que su misión social e histórica es conseguir «que nadie se quede atrás».

El último bloque está dedicado a la orientación y a sus profesionales, un apartado ineludible entre las reflexiones de una orientadora en ejercicio. Además, la orientación es un término polisémico y por ello en esta obra aporta el colofón. La orientación sirve para establecer el sentido, para saber cuál es el rumbo de las acciones educativas que siempre, como en un bucle, gira en torno al bienestar de las comunidades educativas y del alumnado especialmente.

La autora desea que la obra en su conjunto sea del agrado de quien tan amablemente se ha interesado por la misma, lo que agradece sinceramente. El objetivo no es más que sumar un granito de arena en toda la reflexión que en torno a la educación hacemos, si acaso despertar alguna nueva inquietud en quienes están preparándose para trabajar en educación y sobre todo contagiar un poquito del pálpito de los que amamos la educación con todo el corazón.

ÍNDICE

ÍNDICE

LA EDUCACIÓN, LA FUERZA DEL CORAZÓN

¿Qué es eso de la «nueva pedagogía»?

Existe una corriente de pensamiento y discurso que habla de la «nueva pedagogía». Es bastante identificable pues se sostiene en algunas ideas, que si se asumen sin contraste alguno, a fuerza de repetirse se convierten en un mantra que se asimila fácilmente pues encontrar culpables siempre tranquiliza, sin embargo, este discurso contra la «nueva pedagogía» apenas tiene sustento alguno.

En primer lugar, los críticos de la «nueva pedagogía» atribuyen la autoría de esta a unos pedagogos teóricos que nunca han dado clases, que se permiten el lujo de explicar cómo se imparte docencia a quienes sí lo hacen, lo que es percibido como una intromisión carente de fundamento y razón, lógico. Pero existe una gran contradicción, estas personas críticas con la «nueva pedagogía» nunca son pedagogos, así que hablan de pedagogía como los usuarios de la medicina hablamos de la misma. Dicho de otro modo, no conocen la pedagogía, ni la nueva ni la antigua. Suelen ser docentes sin formación teórica en pedagogía que consideran que para enseñar basta con «explicar» el contenido hasta que el estudiante lo comprenda.

En segundo lugar, contra la «nueva pedagogía» argumentan que esta se basa en buenismos por los que el alumnado puede aprender mientras disfruta, y se divierte, de modo que se consiguen aprendizajes significativos sin esfuerzo, es decir, se asocia la «nueva pedagogía» a mundos bucólicos de amor y bondad, de maestras sentadas en la alfombra con niños sonrientes y felices aprendiendo. Esta imagen contrasta con la de grupos de adolescentes en el instituto con pocas ganas de atender y de aprender, solo pendientes del «me gusta» de Instagram. Los detractores de la «nueva pedagogía» suelen impartir docencia en secundaria y consideran que es necesario que exista un esfuerzo, incluso un sacrificio para que se produzca el aprendizaje, pero tampoco pueden citar autores de Pedagogía que refrenden esta estoica posición.

En tercer lugar y continuando con el argumentario de los detractores de la «nueva pedagogía», estos consideran que no es necesario recurrir a las ciencias de la educación para que se produzca el aprendizaje. Entienden que son ciencias «blandas», algo entre el Tarot y la ñoñería, sin fundamento y que lo que en realidad importa es el esfuerzo. Consideran que la educación debe venir aprendida de casa, pues la educación es responsabilidad de la familia y que en el centro educativo solo hay que aprender contenidos, como si la educación pudiera compartimentarse. Creen que la Psicología de la Educación y la Didáctica son disciplinas accesorias y prescindibles, que el aprendizaje se basa en muchas horas de codos frente a los libros, te guste o no te guste el contenido que tienes delante. Sin embargo, las ciencias de la educación demuestran que para que se produzca el aprendizaje es necesario conocer todas las variables que influyen en las personas, desde los contextos sociales y familiares de partida, hasta los procesos cognitivos y emocionales por los que el aprendizaje se produce y mantiene. Dicho de otro modo, el trabajo de «ser docente» no consiste en «enseñar», sino en conseguir que el estudiante «aprenda», en palabras del profesor Miguel Ángel Santos Guerra: «La letra con sangre entra, pero con la sangre del profesor». Es decir, desde la perspectiva de la investigación en la acción, el docente ha de buscar en cada momento cómo hacer para que cada estudiante progrese, desde su nivel de partida hacia el máximo de su potencial y esto no es ciencia ficción, sino justamente pedagogía, ni antigua ni nueva, sino la pedagogía que se basa en la investigación práctica y en la fundamentación teórica de las ciencias de la educación.

Como último argumento, es de destacar que cuando se habla de la «nueva pedagogía» nadie cita ningún autor, pues no hay ningún profesional de la pedagogía que haya dicho o escrito que no sea necesario el esfuerzo para aprender, aunque todos sabemos como humanos que somos, que aprender es un placer cuando la motivación por el contenido es intrínseca, que nos divertimos mientras aprendemos y que además es muy gratificante.

Como vemos, este discurso contra la nueva pedagogía se está afianzando sobre unas bases inexistentes, que canalizan el «cabreo» del profesorado de secundaria hastiado de no saber cómo afrontar la falta de motivación de parte del alumnado adolescente ante el currículo. Y se comprende, se comprende muy bien porque el sistema educativo deja muy desprotegido al profesorado.

En mi humilde opinión como orientadora de un centro de Secundaria en un barrio de compensación educativa, creo que es cierto, que el problema de la falta de motivación del alumnado existe, es una evidencia. Sin embargo, no debemos quedarnos en el discurso facilón y recurrente de culpar de todos los males del sistema educativo a la nueva pedagogía, el problema es mucho más hondo, mucho más.

Nuestro actual sistema educativo está muy desfasado en relación a la sociedad de la que forma parte y de este modo es muy difícil formar a las generaciones venideras, el problema no radica en la «nueva pedagogía». La explicación de lo que ocurre es compleja y multifactorial.

La inversión por estudiante en España está muy por debajo de la que necesitamos, basta consultar cualquier fuente que nos compare con la Europa a la que queremos parecernos para comprobarlo.

La formación del profesorado es muy deficitaria, es frecuente escuchar a docentes que manifiestan que la forma en que se enfrentaron a su primera clase fue reproduciendo la metodología que vieron poner en marcha al que consideraron el mejor de sus profesores siendo estudiantes... Es muy triste oír esto.

¡Y qué decir de la selección del profesorado! ¡A ninguna empresa se le ocurriría contratar de por vida a alguien que no sabe cómo va a responder a un empleo...! Exponer un tema en un concurso-oposición y hacerlo muy bien no guarda relación alguna con que esa persona más adelante en la práctica sepa cómo conseguir que el alumnado aprenda. Insisto, no se trata de impartir clases o de intentar enseñar, se trata de lograr que el estudiante aprenda y es más, de despertar el deseo de que quiera seguir aprendiendo.

No existe esa «nueva pedagogía» con la que se quiere valorar la metodología basada en el esfuerzo y estoicismo estudiantil. Ni una cosa ni la otra funcionan, solo son discursos que amenizan los cafés y nos enfrentan aún más dentro del sistema educativo, dentro de la común idea de que esto «no funciona» y de que hay que hacer «algo». En esto sí estamos de acuerdo.

El sistema educativo español necesita más inversión y sobre todo precisa de gestores que sepan optimizar los recursos, cosa que nunca se plantea en ningún discurso: la formación de quienes administran el sistema educativo, técnicos, políticos y técnico-políticos. Políticos que deberían dejarse asesorar de los que saben pedagogía, sin calificativos de nueva o vieja, de los profesionales de la pedagogía y de la psicopedagogía y del profesorado con experiencia y excelencia que está a pie de aula cada día. Es imprescindible que las decisiones sobre educación se basen en los resultados que la investigación educativa ofrece, datos empíricos sobre qué y cómo funciona en educación ¿acaso no resulta alarmante que en este país se haga una reforma tras otra y que ninguna se base nunca en la investigación? Es necesaria más humildad de los políticos y que debatan entre ellos por un pacto o muchos pactos para solucionar poco a poco todos los asuntos pendientes y que nos den sosiego, tranquilidad y estabilidad normativa. Escuchar y dialogar además también con las familias y con los propios estudiantes que tienen mucho que decir en eso de cómo se aprende y cómo se enseña. Más Pedagogía en las reformas educativas, más visión a largo plazo, más escucha de quienes saben y menos afán electoralista, ¿saben ustedes qué es eso, señoras y señores políticos?

Periódico Magisterio
26 de marzo de 2019

¿Buenas prácticas o práctica buena?

En los últimos años está teniendo mucho protagonismo el término «buenas prácticas». Puede que incluso se trate de una moda más de esas que van y vienen en el ámbito educativo. Y, ¿por qué puede tratarse únicamente de una moda?, porque estas «buenas prácticas» se asocian a una experiencia aislada que sucede en un intervalo de tiempo concreto con un comienzo y un final previsto.

Lo que ahora entendemos por «buena práctica» es una experiencia que tiene lugar en torno a un proyecto. Este proyecto surge cuando en una comunidad educativa se percibe que es necesario satisfacer una demanda y un grupo de sus componentes se organiza en torno al mismo, lo pone en marcha y los resultados son satisfactorios.

Las «buenas prácticas» son las que salen bien. En muchas otras ocasiones, los proyectos no llegan a cristalizar, otras no consiguen ser lo suficientemente motivadores para sus participantes y los van abandonado, y en ocasiones, incluso se ven heridos de muerte por contingencias externas, como cambios de destino del profesorado. Estos proyectos que no salieron bien, también conllevaron el esfuerzo de muchas personas, sin embargo, no llegaron a considerarse buenas prácticas.

Si las buenas prácticas son aquellas que se organizan en torno a un proyecto que acaba bien, es lógico que haya que contarlas. Es, pues, necesario darles difusión para que quienes las conozcan puedan imitarlas y/u obtener alguna idea válida para su contexto.

No voy a decir nada en contra de estas «buenas prácticas» que tanta admiración nos despiertan en los congresos y eventos donde nos reunimos las y los profesionales de la educación. Lo que sí tengo que objetar es que estas experiencias me suenan a coyunturales, a excepcionalidad en un sistema tan macrosistema como el educativo donde estas «buenas prácticas» sólo tienen lugar en un porcentaje muy pequeño del mismo. Estas «buenas prácticas» son como la punta de un iceberg enorme conformado gota a gota por el trabajo cotidiano de la inmensa mayoría, gotas de un iceberg de esfuerzo.

Junto a las «buenas prácticas», propongo que insistamos más en dar relevancia a la «práctica buena».

La «práctica buena» consiste en el trabajo diario en las comunidades educativas. Niños y niñas que quieren aprender y disfrutan haciéndolo, familias que se implican, equipos directivos que hacen de su centro, el «centro» de su vida, personal complementario y profesorado convencido de que su trabajo contribuye a mejorar el mundo….

La «práctica buena» es la más frecuente en los centros educativos. Cuando veo concursos de buenas prácticas me acuerdo de mi compañero Víctor. Víctor ya se jubiló, lo hizo después de haber cumplido algunos años más del mínimo de edad que precisaba para retirarse, porque a él le gustaba trabajar como maestro. Víctor estaba destinado en un instituto y siempre era tutor de un grupo de primero o de segundo de Secundaria y además, daba clases de lengua castellana y literatura a otros grupos de estos niveles.

Para mí, Víctor es un ejemplo de «práctica buena». Él enseñaba a su alumnado a mejorar su lectoescritura, luego trabajaba las competencias básicas. Víctor organizaba su clase de modo que nunca se oía alboroto por el pasillo, aunque estuviera con el 2º C. Algunos compañeros le preguntaban «¿cómo lo haces?» y él respondía «no los dejo parar», «les cambio de actividad constantemente para que no se aburran». Aunque no le pusiera nombre utilizaba el enfoque plurimetodológico y sabía motivar a su alumnado.

Como tutor, recibía a las familias del alumnado. Escuchaba sus inquietudes con serenidad, les orientaba en la difícil etapa adolescente y si había algún conflicto, mediaba con pericia y ayudaba a resolverlos.

Me llamaba mucho la atención cómo cada día a última hora, fuera de su horario lectivo, subía las escaleras con sus años, para echar un vistazo a su grupo de tutoría. Les preguntaba por el discurrir de la mañana y les recordaba que había que trabajar en casa.

Nunca he encontrado una convocatoria de premios educativos para la que proponer a Víctor.

Este caso no es aislado. La inmensa mayoría de los y las docentes están fuertemente implicados en su trabajo, con su esfuerzo diario y su profesionalidad. Sin embargo, socialmente no se les ve, son la parte del iceberg que está sumergida. No se habla de su «práctica buena», cotidiana en sus centros, en su aula, junto al alumnado.

Las y los estudiantes de periodismo aprenden pronto que la noticia está en *el perro que muerde al niño* y por ello ponen altavoces delante de los acontecimientos negativos que suceden en el sistema educativo. Sin embargo, cada día, en cada centro, cada aula, en los pasillos y en los hogares, hay personas trabajando por la juventud y la infancia, haciendo de su cotidianeidad una «práctica buena».

Es necesario reivindicar la práctica buena y cotidiana que tiene lugar en el sistema educativo, darle difusión, que se sepa dentro y fuera del sistema educativo. Son muchas las personas que trabajan mucho y bien por la educación, ya sea como profesorado, personal de administración o en asociaciones de padres y madres…. Personas que, aunque se implican cada día porque creen en lo que hacen, precisan de un reconocimiento social, para sentirse valorados y valoradas. En ello los medios de comunicación tienen mucho que decir. Me atrevería a decir que los medios de comunicación están en deuda con el sistema educativo. Hay que reconocer el trabajo y la excelencia en la cotidianeidad y junto a la difusión de las «buenas prácticas», promover la visualización de «la práctica buena», pues existe mucha más de la que se cuenta y es la que realmente transforma el mundo.

Periódico Escuela
4 de noviembre de 2010

Pedagogía del amor

Hace unos años tuve la suerte de leer el libro de D. Miguel de Unamuno, *«Amor y Pedagogía»* donde se planteaba el amor y la pedagogía como una dicotomía, estableciéndose un paralelismo entre la educación y la disciplina frente al amor entendido como laxitud y sobreprotección. Desde que se publicara esta novela en 1902, han pasado algunos años y han cambiado mucho los tiempos. Afortunadamente, la Pedagogía ha evolucionado mucho desde entonces.

En la actualidad, el contexto social y educativo se ha hecho muy complejo y no podemos establecer apenas dicotomías en ningún asunto relativo a la educación porque entre el blanco y el negro, la gama de grises se ha vuelto infinita. Ahora es comúnmente aceptada la importancia de la educación emocional por el sistema educativo. Sabemos que eso que tradicionalmente hemos llamado «inteligencia» solo se refiere a uno de los tipos de inteligencia: la lógica-intelectual y que existen más tipos, pues ya no hablamos de «inteligencia», sino de «inteligencias», y se necesita de varias de ellas para conseguir el desarrollo de las potencialidades de las personas para que estas puedan disfrutar de bienestar en la vida, para eso debe servir la educación, para contribuir a que las personas sean felices.

En la ceremonia de entrega de los premios Goya en febrero de 2019, el actor Jesús Vidal dio las gracias a sus padres por haberle enseñado a «ver la vida con los ojos de la inteligencia del corazón». En el siglo XXI, la inteligencia del corazón y en consecuencia la educación emocional es uno de los retos prioritarios del sistema educativo y del mundo con respecto a los jóvenes.

En nuestra sociedad posmoderna y desarrollada se está generalizando la insatisfacción, la depresión y los trastornos psicológicos. A pesar de que las necesidades primarias recogidas en la pirámide de Maslow están cubiertas, se están poniendo de manifiesto nuevas necesidades que obligan a las personas a no cesar en su empeño de buscar la felicidad y en los centros escolares hay que tomar conciencia de ello.

Un modelo de sistema educativo basado en el currículo académico, en tramos rígidos de sesenta minutos, en pruebas de evaluación basadas en la memoria y en metodologías expositivas donde el estudiante debe contribuir al orden desde su silencio, pasividad y falta de crítica, es un modelo muy caducado, anacrónico y sin sentido para educar en el mundo de hoy y menos aún para preparar para el futuro.

En el siglo XXI, las necesidades a las que debe dar respuesta la educación reglada son las que se derivan de asumir que existen inteligencias múltiples para afrontar la vida, así como las que se siguen de valorar que la gestión de emociones juega un papel determinante para el bienestar de las personas.

Enseñar y aprender a mirar con los ojos del corazón, descubrir el lugar de cada persona en el mundo, saber cómo hacer para sentirse bien y cómo contribuir también al bienestar de los demás, esos son los retos.

Para ello hay que responder a la pregunta «¿cómo nos sentimos bien?». Conocer la respuesta es la clave: saber sentirnos bien, así como saber afrontar desde este sentir anímico las adversidades. Y surge otra cuestión: ¿Qué papel tiene la inteligencia del corazón? ¿Cómo se relaciona el corazón con la inteligencia y la inteligencia con el corazón? ¿Acaso en la dicotomía que apuntaba Unamuno?

Mi amigo Juanjo me contó una historia muy hermosa que me hizo reflexionar sobre todo esto, la que quiero compartir. Resultó que su padre, tras quedarse viudo, contrajo la enfermedad de Alzheimer. Su hija le llevaba cada día a un centro de día donde coincidía con otra señora, también con el mismo mal, a la que dejaba en la residencia su marido cada jornada. El padre de mi amigo y la señora pasaban la mañana juntos, apenas hablaban, solo paseaban, se acariciaban las manos y se miraban, se miraban con los ojos del corazón, sin que al parecer mediara lo más racional y cognitivo. Al parecer, verlos juntos era un placer, una escena muy hermosa, algo así como amor libre de prejuicios y pensamientos, amor en estado puro. ¿Puede ser ese un estado de felicidad?. Una conexión directa de corazón a corazón proporciona una intensa sensación de plenitud. Una suerte que hemos podido experimentar quienes hemos trabajado con algunos estudiantes muy afectados de diversidad funcional cognitiva. Aunque parezca asombroso, hay muchos que consideran que todo esto es baladí en el sistema educativo y que podemos prescindir de ello en pro de los aprendizajes del *trivium* y el *quadrivium*.

Es muy preocupante que nuestros niños y jóvenes sigan aprendiendo en el sistema educativo contenidos que memorizar para volcar en un examen, tal como en el siglo XIX, sin que tengan ninguna significatividad ni repercusión en su vida y que así pasen las horas, las semanas, los años, mientras siguen sin recursos ni estrategias para desarrollar los aprendizajes imprescindibles para construir la propia vida y la felicidad en ella.

Es inquietante que el alumnado, tras décadas en el sistema educativo, domine las formas de hacer un examen, pero no conozca el modo de afrontar una frustración, la sensación de falta de aceptación social o un desamor, porque estas sí son las cosas que tienen importancia en su vida, tanto en el presente como en el futuro.

El sistema educativo tiene la doble responsabilidad de formar tanto a profesionales con cualificación para desempeñar un puesto productivo en la sociedad, como a personas que sepan gestionar su vida y convivir consigo mismos y con los demás. Pero ¿cómo hacemos esto? La respuesta es evidente: de persona a persona. Trabajar en educación requiere de un compromiso social y de un equilibrio personal y emocional del que apenas hablamos y que en absoluto se tiene en cuenta en la selección del profesorado. Es absolutamente necesario tener en cuenta que el instrumento del profesional de la educación es su propia persona, con su trayectoria y las experiencias que le han construido como ser humano porque tiene la responsabilidad de entrar en la vida de otra persona: su alumna/o. La influencia de un docente puede ser determinante para el estudiante, pues más allá de los contenidos que pueden encontrarse a golpe de clic, cada profesor/a debería asumir el compromiso de enseñar cómo aprovechar la vida para sentirse bien y compartir el bienestar con los demás. Este es el reto, el de la pedagogía del amor, del cuidado, del respeto por el otro, del compromiso y la responsabilidad compartida por el bienestar común. Ahora, más de cien años después, podríamos decirle a don Miguel que pedagogía sí, pero amor también.

Periódico Escuela
21 de febrero de 2019

¿Aprobado es la mitad de sobresaliente?

Cuando al salir del colegio un niño le dice a su madre que ha «sacado» un cinco, la mamá se siente reconfortada porque sabe que esta calificación en la escuela española significa que su hijo ha superado los contenidos de los que ha sido evaluado. Del mismo modo, el alumnado universitario celebra sus aprobados, es decir, toda calificación a partir de cinco, obviando que la otra mitad del contenido a examen se desconocía o no se dominaba.

En la tradición española, nos congratulamos con la mitad aprobada y ni nos acordamos de que hemos dejado de aprobar la otra mitad, probablemente porque, nuestro temperamento latino presenta esta natural tendencia al optimismo, lo que ayuda, sin duda, al principal objetivo en la vida que es la felicidad, pero en este caso no nos sirve porque se trata de una felicidad proveniente de la ignorancia o de la inconsciencia, que se conforma con la mitad, que no tiene ninguna ambición por la excelencia.

En España, a lo largo de generaciones, la población se ha socializado con la idea de que aprobar equivale a obtener resultados positivos solo en la mitad, es decir, que basta con demostrar saber la mitad para tener éxito en el sistema educativo y que no importa mucho desconocer otro tanto. Esta idea lleva asociada claramente que la mediocridad es un valor, porque es suficiente con alcanzar la mitad de los saberes para obtener una titulación. De igual manera llega a conseguir empleo un amplio porcentaje de población con importantes lagunas en su formación inicial.

Hasta la denominación que reciben en España las calificaciones lleva implícita esta idea de mediocridad. «Deficiente», cuando el estudiante no llega al mínimo. «Suficiente» si es que el estudiante consigue lo mínimo, la mitad de lo que podría haber conseguido. «Bien», «Notable» y «Sobresaliente» expresan la gradación con respecto a la consecución de los mínimos. Luego, ¿Solo cuándo un estudiante consigue todos los objetivos de una materia es sobresaliente?, ¿Y cuándo demuestra saber los contenidos? ¿Acaso no se trata de que todos ellos y ellas consigan siempre todos los objetivos? Son preguntas que nos haría un viajero del tiempo o del espacio a quien mostráramos nuestro sistema educativo. Desde hace décadas, se está confundiendo la evaluación con la calificación, cuando son conceptos casi antagónicos por tres motivos básicos. Primero porque «evaluar» forma parte del proceso educativo ya que ayuda al estudiante a mejorar determinados aspectos de su aprendizaje. Por el contrario, la calificación no colabora en el desarrollo del aprendizaje pues no muestra el camino a seguir para encontrar las mejoras, el estudiante tan solo obtiene un dato que le informa del porcentaje de aciertos con respecto al total de contenidos a examen. Tan brillante como siempre, lo dijo en Málaga el profesor Ángel Pérez Gómez de la Facultad de Ciencias de la Educación de la Universidad de Málaga: «Reducir evaluar a calificar es una perversión. La calificación es la basura de la evaluación» (I Jornadas Nacionales de Evaluación Educativa, mayo de 2013). La calificación no solo pervierte la evaluación, sino que priva a cada comunidad escolar de las posibilidades educativas que tendría, si realmente se incorporara ésta al proceso educativo.

El segundo motivo que argumenta que evaluación y calificación son conceptos antagónicos es que, cuando el sistema educativo se centra en la calificación pone el énfasis en el número de aprendizajes obtenidos u objetivos conseguidos, es decir, prioriza la cantidad a la calidad. De este modo, es frecuente ver a aprobados fundamentados en el número de respuestas acertadas, siendo éstas de diferente valor en cuanto a la importancia de los aprendizajes y es más, sin que el estudiante termine el proceso sin distinguir lo imprescindible de lo accesorio.

El defecto que no debe atribuirse a la mujer del césar es el tercer motivo por el que argumentamos que los conceptos analizados son antagónicos. «*La mujer del césar no solo debe ser buena, sino parecerlo*», sin embargo, en nuestro sistema educativo se valora más que el estudiante pueda demostrar que conoce la mitad de los contenidos que se le piden en una prueba, que realmente sepa y domine las competencias fundamentales a cuyo desarrollo debe contribuir el aprendizaje de esa materia. No terminamos de comprender que, en el sistema educativo todos los procesos deben contribuir a la consecución de los objetivos y que éstos han de fundamentarse en el desarrollo de las competencias, primero básicas y luego profesionales. Desde esta perspectiva, si el aprendizaje de contenidos no tiene una aplicación práctica y además tampoco proporciona la posibilidad de hacerlos funcionales y transferibles, no servirán más que para, primero: aprobar el examen, segundo: ser olvidados y tercero:

ejercitar la competencia básica «Memoria» (recordemos los exámenes aprobados gracias a ayudas químicas, electrónicas o «cárnicas»).

Quizás ahora, gracias a las indicaciones de la OCDE que instan a que nuestra administración educativa se ponga en marcha para que la población estudiantil desarrolle competencias básicas, podamos desenredar el nudo que entrelazaba la cantidad con la calidad, confundía evaluación con calificación y asemejaba aprendizaje de contenidos con desarrollo de competencias. Porque este nudo enredado sigue sin dejarnos ver el único motivo para la existencia del sistema educativo: conseguir que las personas sepan alcanzar y mantener el bienestar, tanto propio como del mundo del que forman parte. Tampoco en esto nos sirve conformarnos con la mitad.

Periódico Escuela
23 de mayo de 2013

El mito del esfuerzo

El sistema educativo mantiene vivos muchos mitos sobre los que se sostienen algunas teorías educativas supuestamente basadas en la práctica y que, con facilidad, encontramos en el pensamiento colectivo de las comunidades educativas.

Uno de estos mitos es el «esfuerzo». El argumento es que, al parecer, aquello que se aprende con esfuerzo se afianza mejor en el conjunto de nuestros saberes y permanece durante más tiempo en nuestra memoria. Francamente, quisiera encontrar algún estudio científicamente avalado que refrende esta teoría, porque hasta la fecha, no conozco ninguno, por más que me haya afanado en la búsqueda.

El conocimiento que tenemos acerca de cómo se produce el aprendizaje está basado en los estudios de los grandes autores de la psicología de la educación como Piaget, Ausubel o Vygotsky e incluso en la valiosa aportación de grandes pensadores y maestros como Platón o Sócrates. Ninguno de ellos asocia el aprendizaje al sufrimiento y las lágrimas.

Sin embargo, la sabiduría popular española se jacta en este concepto de esfuerzo con mensajes sádicos del tipo: «quien bien te quiere te hará llorar» o con el famoso refrán «la letra con sangre entra». Macabras frases que sostienen la creencia de que es posible aprender gracias a duros castigos, capones, reglazos en las puntas de los dedos u horas de cara a la pared con los brazos cargados de libros...

Basados en estos mitos, durante décadas se emplearon estos «métodos violentos» en nuestras escuelas, lo que propiciaron que, aunque los niños y niñas aprendieran los contenidos que prescribía la administración educativa, es decir, el currículo explícito; al mismo tiempo aprendían que el aprendizaje académico era algo al margen de su cotidianeidad, no funcional para la vida y que solo servía para superar los requerimientos del sistema educativo, lo que llamamos el currículo oculto.

En la actualidad, afortunadamente, estos métodos violentos tan visibles no se emplean en nuestro sistema educativo, pero, sin embargo, sigue existiendo una violencia estructural que sigue permitiendo la humillación de determinado alumnado, especialmente quienes más sangre derraman para la entrada de la letra.

En varias ocasiones, he escuchado a mi querido y admirado profesor Miguel Ángel Santos Guerra decir que efectivamente, «la letra con sangre entra», pero no con la sangre del alumno o alumna, como propugnan los métodos violentos citados, sino con la «sangre del docente», quien ha de pensar, investigar, crear, imaginar y probar con la didáctica hasta encontrar que el aprendizaje fluya en su alumnado. Porque el oficio del docente, no consiste en «enseñar», sino en conseguir «aprendizajes», en ese cambio de matiz está el paradigma.

En muchas ocasiones, es fácil observar en los centros educativos que esta premisa fundamental de la didáctica se ha olvidado y que determinado profesorado se siente satisfecho cuando ha terminado un tema independientemente de si su alumnado lo ha aprendido.

Hay quienes creen que la enseñanza consiste en «contar», «mostrar» o «exponer» y que el alumnado es el responsable de seguir esa dinámica, que está pensada para una velocidad media, para un alumnado medio, para un conocimiento previo medio…, es decir, para un «promedio» que solo existe en el pensamiento de ese profesor o profesora, que, a su vez, también es medio o incluso «mediocre».

Por el contrario, el aprendizaje no es algo «mediocre», es un proceso auténticamente maravilloso porque proporciona a las personas la oportunidad de crecer y de dar un paso más en su desarrollo a lo largo de la vida. Es algo natural que hacemos todas las personas por placer, movidos por la curiosidad, incentivados por el éxito, al lado de las personas que nos importan. Es difícil que acabe un día sin que hayamos aprendido algo, se trata de una actitud para la vida mucho más ligada al disfrute que al esfuerzo, más cercana a la sonrisa que al sudor.

«Aprender y disfrutar, para eso hemos venido al mundo las personas» e incluso, si hay que quedarse con una de las dos cosas, será con «aprender» porque cuanto más capaces seamos de aprender, más podremos sacar partido a la vida para seguir disfrutando.

Disfrutar no es malo. Seguimos arrastrando la creencia, otro mito, por la que el disfrute se asocia al pecado, en su acepción de hedonismo y superficialidad. Disfrutar es mucho más, significa estar en consonancia con uno mismo y su entorno, propiciando tanto el bienestar propio como el de los entornos de los que se forma parte. De este modo, se trata de pasar por la vida para «aprender», propiciar el bienestar y dejar el mundo algo mejor de cómo se encontró.

En este modelo de aprendizaje, ¿dónde entra el esfuerzo?, ¿dónde tiene su hueco la animadversión a determinadas materias?, ¿dónde está la humillación? En nuestras comunidades educativas debemos intentar que en cada aula se asocie el aprendizaje a la sonrisa, al bienestar, la armonía, la convivencia positiva, incluso a la lentitud y la relajación. Tenemos que ir poco a poco cambiando el modelo educativo y asimilar que es necesario que el aprendizaje debe conectar con los intereses del alumnado y basarse en la experiencia práctica y emocional de las personas que intervienen en el mismo.

Propongo comenzar con un pequeño estudio en cualquier contexto, primero: ¡que digan sí quienes aprendieron lo que mejor saben con placer! Y segundo: ¡que levante la mano quien quiere aprender disfrutando!

Periódico Escuela
21 de febrero de 2013

La inversión imprescindible
en investigación educativa y orientación

El sistema educativo español adolece de un escaso cultivo de investigación educativa. Parece que se trata de un mal endémico eso de que en España nunca nadie se basa en estudios que ofrezcan datos acerca de «lo que funciona» para tomar decisiones, reforzando así las prácticas eficientes.

Este hecho ha ocurrido siempre, a lo largo de nuestra historia y es una tradición de nuestro sistema educativo que se fundamente en las buenas intenciones del último político, cuando no en ocurrencias e improvisaciones. Esta falta de rigor ocurre no solo en el tiempo, sino también en el espacio, es decir bajo el techo de los colegios e institutos. Se toman decisiones en los centros sin base en la investigación y a la vez, en los despachos donde se legisla, tampoco nadie acude a los datos empíricos, ni a expertos en Pedagogía, ni a quienes están cada día en las aulas, ni siquiera se escucha a la comunidad educativa, esto es, familias y alumnado… Nadie pregunta a nadie y siempre se empieza de cero, incluso el profesorado jubilado se lleva el capital profesional acumulado en su experiencia en el sistema educativo sin que redunde en el beneficio de los noveles y del propio sistema. Son tantas las evidencias en el sentido contrario, que podemos decir que sí hay datos que corroboran que el sistema educativo español no se fundamenta en la investigación.

Este hecho genera un círculo vicioso por el que, como no se recurre a la investigación para fundamentar las decisiones, tampoco se ve su utilidad práctica y por consiguiente no se fomenta la investigación desde la administración educativa y así sucesivamente: hay poca investigación, no se recurre a ella y por ese motivo, se investiga poco. Es más, en niveles distintos de la universidad podemos decir que apenas se investiga nada.

¿Se investiga poco? Pudiera preguntarse cualquier contribuyente y considerar la respuesta afirmativa como poco acertada si se tiene en cuenta, por ejemplo, el número de tesis doctorales que cada año se presentan en España, así como todo el dinero que se invierte en proyectos de investigación, tanto vinculados a la universidad como a otras entidades, presupuesto que normalmente suele proceder de fondos públicos. Sin embargo, existe una desconexión evidente entre los resultados que ofrece la investigación educativa y la aplicación práctica de estos en el sistema educativo.

La orientación educativa y la psicopedagogía, como ciencias de la educación, también se ven afectadas por esta falta de tradición en investigación por eso podemos decir no solo que se investiga poco, sino que además lo que se investiga apenas tiene repercusión en la toma de decisiones de la práctica educativa.

La situación actual es lamentable, sin embargo, hay que reconocer de dónde partimos en investigación educativa para vislumbrar las metas y poder trazar el camino que nos acerque a ellas. En principio, necesitamos saber qué tipo de datos se requieren para mejorar el sistema educativo y en función de ello, diseñar las investigaciones que los aporten. La información que se necesita para mejorar la calidad del sistema educativo está en los centros educativos, pues en la práctica cotidiana es donde surgen las demandas y también las respuestas, es imprescindible dar protagonismo al profesorado si se quiere hacer una apuesta firme. A grandes rasgos, las investigaciones que más se demandan en los centros pueden agruparse en las siguientes categorías:

- Metodologías educativas que proporcionen más y mejores aprendizajes, significativos y perdurables.
- Metodologías que posibiliten mayor motivación, implicación y esfuerzo por parte del alumnado.
- Técnicas para mejorar la convivencia.
- Estrategias para atender a la diversidad en el aula.

Decir que estos grandes bloques temáticos se corresponden con las investigaciones que más necesita ahora el sistema educativo significa poner de manifiesto nuevamente la necesidad de que la didáctica y la psicopedagogía ahonden más en las propias raíces de su epistemología, como ya hemos reiterado en tantas ocasiones.

Concretamente en orientación educativa y en relación con la orientación académica y vocacional deberían hacerse estudios longitudinales que nos aporten datos de cómo ha ido evolucionando el desarrollo del proyecto vital y profesional de las personas. Serían investigaciones muy pertinentes para conocer si la inversión que se ha hecho en educación ha sido rentable, no solo en términos económicos sino sobre todo en satisfacción personal.

Conocer en términos numéricos el porcentaje de población de cada cohorte que consigue el graduado o una cualificación profesional es sencillo, pues se trata de un dato que fácilmente se obtiene a través de las páginas webs oficiales del ministerio y es una información imprescindible para seguir avanzando en la calidad y cantidad que queremos. En cambio, saber cómo las personas obtuvieron su cualificación y cuáles fueron las variables realmente decisivas en la toma de decisiones vocacionales a lo largo de toda la formación y desarrollo de la vida profesional, son estudios cualitativos que es necesario realizar con profundidad y rigor para poder seguir orientando con la referencia del conocimiento de las variables de eficacia que aportan las evidencias previas de éxito.

Son muy pocas las investigaciones que se han puesto en marcha para saber los factores realmente influyentes en la vida personal y profesional, pero algún día habrá que potenciar este tipo de estudios, así como prolongarlos durante décadas si decididamente queremos conocer las claves del éxito educativo.

Revista Electrónica Educaweb
3 de febrero de 2019

LA SÍSTOLE QUE EMPUJA EL CORAZÓN: EL PROFESORADO QUE SE EMPEÑA

«Profe, me habéis sacado de la caverna»

«Me habéis sacado de la caverna», dijo Ángel al terminar la cena de fin de curso tras la graduación de bachillerato.

Ángel es uno de mis alumnos de segundo de bachillerato, un alumno que se fijó en la memoria de todos desde que visitó por primera vez el instituto en la reunión de tránsito en 2010 cuando estaba todavía en sexto de primaria. Llamó la atención por revoltoso y movido. Cuando se incorporó a primero de secundaria tuvo problemas en su adaptación escolar de modo que se vio involucrado en algunas situaciones conflictivas y acumuló partes disciplinarios y estancias en el aula de convivencia. Su rendimiento académico tampoco fue bueno y finalmente suspendió tantas materias que tuvo que repetir el primer curso de la ESO.

Por desgracia, esta historia en la incorporación a la secundaria se repite con demasiada frecuencia. Son muchos los alumnos y alumnas que en el tránsito de la primaria a la secundaria se pierden académicamente y con ello se bajan del tren de la formación y de la cualificación, algunos para siempre.

En estos momentos en que se habla de pacto por la educación, habría que plantearse con seriedad y el rigor de la investigación cómo se está abordando la educación obligatoria en los centros educativos, así como los aciertos y errores de todos los «experimentos» que se han hecho en educación.

La gran mayoría de los problemas surgen en la etapa 12-14 y los motivos son muchos, pero todos tienen como nexo común: el cambio y su brusquedad en todas las facetas de la vida y además simultáneamente.

La etapa 12-14 necesita profesionales que puedan afrontar los retos que esta etapa exige, se necesitan recursos personales y de formación del profesorado para trabajar con éxito la gestión emocional en plena adolescencia. También es preciso (y esto puede corroborarlo cualquier profesional que trabaje en un instituto) que se oferten respuestas educativas efectivas y alternativas motivadoras para el alumnado con alto riesgo de abandono prematuro, tales como talleres de formación profesional previos a la Formación Profesional Básica.

Quizás necesitamos más educación primaria en la etapa 12-14, quizás nunca esta etapa debió salir del colegio…, pero esa es otra reflexión. En el caso de Ángel, éste se encontró con una familia humilde que siempre le respaldó y colaboró con el sistema educativo. También contó con un profesorado que creyó en sus posibilidades y que gestionó las situaciones de fracaso escolar de modo que pudiera obtener de ellas aprendizajes y experiencias que le sacaran de la caverna.

Unos equipos educativos conscientes de su papel transcendente en la vida de las personas, que no pierden de vista que educar es influir y que cada palabra y gesto puede ser decisivo en la vida de alguien. Pero, sobre todo, fue él, el propio alumno, el responsable de su historia de superación personal, alguien que ha sabido manejar las variables que la vida le ha presentado para poner en marcha su proyecto de vida: ser maestro. Él ha aprendido mediante su vivencia que la profesión docente puede ser transcendental en la vida de las personas, ojalá él también ayude a muchos a salir de la caverna.

Periódico Escuela,
15 de junio de 2017

Daños por inacción

De la mayoría de las cosas interesantes nos enteramos sin preguntar. De este modo supe del caso que ahora expongo para que podamos reflexionar sobre las ocasiones en que la falta de intervención provoca daños de los que nadie se percata.

Una alumna con dificultades auditivas transitó de primaria a secundaria cuando todavía su familia andaba buscando un diagnóstico y el tratamiento clínico adecuado. Al conocer el caso, la orientadora del instituto realizó la correspondiente evaluación psicopedagógica y determinó que la alumna presentaba necesidades específicas de apoyo educativo por hipoacusia. Recomendó que como respuesta educativa la alumna tuviera adaptaciones curriculares no significativas y que se ubicara en el aula de tal modo que pudiera apoyar visualmente la información obtenida por vía auditiva, pues esta podría ser incompleta. Asimismo, se coordinó esta respuesta educativa con la familia, quienes debían continuar en el proceso de diagnóstico e intervención clínica especializada, para probablemente desembocar en una posible valoración certificada de discapacidad.

Desde esta coordinación que implica a familia, sanidad, servicios sociales y centro educativo se trabajó con la alumna, quien tuvo una buena adaptación a la secundaria y buenas calificaciones en primero de ESO con lo que promocionó a segundo. Por circunstancias ajenas a este hecho, esa orientadora cambió de destino en el curso siguiente.

Los equipos educativos cambian cada año, pero supongo que alguno de los docentes volvió a coincidir con esta alumna en cursos posteriores de modo que pudo tener en cuenta esta necesidad específica de apoyo educativo, así como las respuestas que resultaban eficaces con ella. También es cierto que a medida que avanzan los cursos, cada vez serían menos los docentes que conocían esta circunstancia y los años pasaron. Los años pasaron, hubo otra orientadora que se jubiló y la orientadora que intervino con la alumna cuando empezó la secundaria volvió a ese centro.

Al revisar los casos en su regreso al centro, esta orientadora se encontró con el de esta niña, quien tenía edad de estar egresada del instituto desde dos cursos, pero que seguía en el centro pues había repetido en dos ocasiones, justamente primero de bachillerato y segundo. En ese momento se encontraba cursando segundo con cuatro materias. Podríamos decir que cuatro cualquiera, sin importar qué materias fueran, pero en este caso, la casualidad no existe pues las materias eran: Inglés y Francés de primero de Bachillerato, más Lengua e Inglés de segundo. ¿Hay relación directa entre su hipoacusia y las materias que tenía pendientes? Evidentemente sí.

Con esta alumna se cometió lo que hemos denominado en el título de este artículo: un «daño por inacción». Pues si la alumna hubiera seguido siendo atendida en sus necesidades específicas de apoyo educativo tras acabar la secundaria hubiera podido solicitarse la exención de las lenguas extranjeras tal como prevé la normativa para el alumnado que presenta hipoacusia y probablemente ello le hubiera ahorrado las dos repeticiones de Bachillerato.

Pero aún hay más, esta exención de materias en Bachillerato se hubiera mantenido en la prueba de acceso a la universidad, con lo que sus calificaciones hubieran aumentado significativamente facilitando incluso su acceso al grado que ella quería hacer. Pero aún hay más, pues si la familia hubiera finalizado con el proceso sanitario y hubiera solicitado la certificación de discapacidad, la alumna tendría la opción de acceder a la universidad por el cupo de alumnado con diversidad funcional. Pero aún hay más, la alumna quería ser maestra de educación infantil y con este certificado podría opositar en el futuro por el cupo destinado a las personas con diversidad funcional, lo que multiplica las posibilidades de cumplir su proyecto de vida, ¿hay algo más?

Resultó que por azares de la vida, además la madre enfermó y finalmente falleció mientras la alumna cursaba bachillerato, lo que dificultó que se realizaran las gestiones para solicitar el reconocimiento de la discapacidad, a la vez de que se reclamara la atención educativa correspondiente en el centro, lo que también pudo ser por el desconocimiento de la familia…

Al final, lo único que la orientadora pudo hacer por la alumna cuando se encontró el panorama descrito fue solicitar que la prueba de acceso a la universidad se adaptara y que la alumna pudiera disponer de más tiempo para la realización de los ejercicios y de una ubicación que le permitiera tener buena acústica. Ya no era posible pedir la exención de los idiomas y no sé si finalmente se llegó a tiempo de conseguir el certificado de discapacidad para que pudiera obtener una plaza del grado de Educación Infantil por el correspondiente cupo.

En las ocasiones en que he referido este caso, siempre observo perplejidad en las caras de mis interlocutores, quizás la misma que ahora tenga quien lee estas líneas, sin embargo, hay que hablar de estos casos y exponerlos porque el daño por inacción existe y es responsabilidad de alguien que siempre queda impune, o como en este caso, de una orientadora que fue homenajeada en su jubilación por los compañeros de ese mismo centro, entre aplausos y discursos sobre el bienhacer, con sonrisas y ajenos por completo a sus daños por inacción. La verdad, yo me sigo quedando perpleja, o más bien, por inacción: parada.

Periódico Escuela
26 de abril de 2018

¿Para cuándo «replantear» la selección del profesorado?

Como todos sabemos, estamos en tiempos convulsos, de crisis, cambios, reformas... Vivimos con la permanente sensación de que todo es transitorio y de que en cualquier momento puede cambiar. Ni siquiera es descabellado decir que, hoy por hoy, nadie se atrevería a asegurar a la madre de un niño de tres años que ahora se escolariza, cómo va a ser el final de su escolaridad obligatoria, ni siquiera eso, casi aterrador.

Como todos también sabemos, algunos de estos cambios obedecen a «ocurrencias» o «despertares matutinos bienintencionados» de algunos gestores de la administración educativa. En otras ocasiones, las propuestas nacen como respuesta a los resultados de análisis o de informes de investigación. La búsqueda por encontrar soluciones es incesante, a veces agónica y nadie parece encontrar la receta.

En este artículo se propone que también se ponga el punto de mira en un aspecto poco tratado: la selección del profesorado. En la mayoría de los informes que pretenden ofrecer un diagnóstico sobre el sistema educativo, uno de los aspectos que suele repetirse es la necesidad de mejorar la formación del profesorado. Difícilmente encontramos esta conclusión en las evaluaciones que se hacen de otras de las grandes instituciones como el sistema sanitario o las infraestructuras administrativas o técnicas. Por otro lado, resultaría bastante alarmante que se hiciera público que los sanitarios del sistema público de salud necesitaran de mayor formación o que fuera preciso mejorar la formación de los arquitectos o arquitectas responsables de tanto edificio que se construyó en las últimas décadas (por cierto, jaleados con la cantinela del *España va bien*, muchos de ellos todavía sin terminar, sin habitar o sin pagar…, dichosa crisis).

La formación del profesorado es un tema recurrente al que culpabilizar de que el sistema educativo no funcione como desearíamos y, desde luego que es mejorable. Sin embargo, con escasa frecuencia se responsabiliza a la selección del profesorado de estos mismos males.

Atendiendo a cómo se realiza la selección del personal docente que va trabajar en el sistema educativo, cierto es que, en las actuales condiciones, si llegara el éxito sería casi por casualidad. De hecho, en numerosas ocasiones nos encontramos con profesionales de calidad extraordinaria y sin embargo, ellos y ellas han sido seleccionados por el mismo procedimiento que los malos profesionales, digámoslo sin eufemismos, los malos existen, es cierto.

La selección de personal es un proceso complejo que forma parte de toda una disciplina académica denominada «Ciencias del trabajo». Este ámbito de conocimiento se corresponde con un grado universitario y con varios perfiles profesionales. Sin embargo, la administración educativa parece que no la conoce.

La administración educativa fundamenta la selección de su personal docente en la superación de un examen teórico que prima la memorización, la capacidad de redacción y de exposición oral. Asimismo, podemos decir que premia también a quien mejor copia o «refríe», ya que alguna de las pruebas consiste en la presentación de un proyecto y/o unidad didáctica, las que se encuentran por centenares en web similares al *Rincón del Vago*.

Los opositores y opositoras preparan los temas durante meses o años, en frecuentes casos por la motivación de conseguir un trabajo estable y una vez conseguido el objetivo «a vivir», tal y como he escuchado en decenas de ocasiones.

La administración no se plantea incluir otro tipo de cribas como las entrevistas, donde conocer la motivación y expectativas del opositor u opositora, algo de lo que una gran empresa jamás prescindiría. Tampoco recurre al empleo de pruebas psicotécnicas, lo que sería absolutamente necesario sabiendo que el material que se pone en juego en la interacción educativa es el humano, son las personas y principalmente los aspectos cognitivos y sobre todo, emocionales (con estos mimbres hay que hacer el cesto).

Parece que la administración tampoco se plantea la rentabilidad del curso de prácticas, lo que para todos no es más que «un paseo», así se llama normalmente. No se valora y se desperdicia la oportunidad de que el aprendizaje de la práctica educativa sea de manos de quienes mejor pueden formarlos.

Por eso te pido, apreciado gestor de la educación, que algún día se replantee la selección del personal que trabaja en esta empresa, especialmente del profesorado. Te pido que contrates a los mejores, los que además de saberse los temas del examen, saben (o están dispuestos a aprender) cómo tratar al alumnado y a sus familias, los que disfrutan con la educación porque creen que es el mejor medio para que la humanidad avance y se haga más humana; los que saben escuchar, trabajar en equipo y, por tanto, valorar a los demás, luego, construir comunidad.

Esos y esas profesionales con los que sabemos que se puede contar siempre, para ir de excursión, para ayudar a evolucionar a quien más le cuesta, los que tienen conciencia de que ocupan un puesto que les trasciende más allá de su persona, porque son administración educativa ante la sociedad y unas de las personas más influyentes y decisivas en la vida de nuestros niños, niñas y jóvenes. Necesitamos profesionales comprometidos con su mundo, con la cultura, con la vida y el futuro, y con el actual sistema de selección no los encontramos, por favor, por el bien de todos, reformen también esto.

Periódico Escuela
19 de abril de 2012

¿Enseñar o aprender?, ¿quién le pone el collar?

A lo largo de mi trayectoria profesional he tenido la suerte de contar con el profesor Miguel Ángel Santos Guerra de la Universidad de Málaga, primero como alumna y más adelante como doctoranda pues elaboré mi tesis doctoral bajo su dirección. Más de veinte años después de conocerlo, sigo manteniendo mi cariño y admiración por Miguel Ángel, lo que comparto con muchas personas cada vez que tenemos ocasión de leerle o escucharle en alguna intervención pública, porque además de hacer pasar a sus escuchantes un momento entrañable por el humor y amor con que afronta sus intervenciones, siempre salimos con la agradable sensación de haber aprendido algo nuevo.

Uno de los aprendizajes que experimenté tuvo su origen en una anécdota que le escuché, que dice así: Un señor encorbatado acude con un perro a las pruebas de selección de artistas para un nuevo circo. Los seleccionadores le preguntan acerca de cuál es su habilidad y éste les responde que el perro que le acompaña, habla. Sorprendidos, los seleccionadores le piden una demostración y el señor comienza a formular preguntas al perro, mientras que el animal ni se inmuta, ni habla. Tras varios intentos, los seleccionadores piden al señor que abandone la sala y éste sale, mientras exclama: «¿Lo ven?, ¡por más que le enseño, el perro no aprende!.

Hace muchos años que escuché este chiste y no he podido olvidarlo porque en muchas ocasiones de mi trayectoria profesional me ha ayudado a entender determinadas situaciones, especialmente aquellas donde se confundían dos conceptos claves para la educación: enseñar y aprender.

En nuestro sistema educativo del siglo XXI, todavía es fácil oír a algún docente decir que su trabajo consiste en «enseñar», desde una concepción que tiene cierto paralelismo con «sembrar», ya que alberga un margen para la suerte, pues admite la posibilidad de que las semillas consigan convertirse en brotes o no, al igual que el alumnado consiga o no, aprender lo que el profesor o profesora quería conseguir mediante su enseñanza. Desde esta perspectiva, la enseñanza lleva implícita un porcentaje de fracaso, ya que como al perro, se le puede enseñar, aunque éste no aprenda nada.

Sin embargo, un sistema educativo desvirtúa su principio fundamental si no logra aprendizajes en el alumnado, porque del mismo modo se podría enseñar no solo a animales, sino también a objetos inanimados, como por ejemplo a los pupitres de aulas vacías, donde algún docente dijo alguna vez: *dad por dado este tema*, como respuesta a una falta de asistencia colectiva.

A esta confusión ha contribuido no solo el modelo de enseñanza basado únicamente en la metodología expositiva y la actitud pasiva del alumnado, sino también las corrientes educativas que introdujeron el concepto de «proceso enseñanza-aprendizaje», porque embrollaron estos dos conceptos aún más.

La madeja no se deslía y en este curso 2012-13 sigo observando en mi alumnado de Master de Secundaria la misma conceptualización embrollada entre enseñanza y aprendizaje, es más, incluso han entendido que los procesos en educación son más importantes que los resultados, es decir, ¿podemos enseñar a leer sin que el alumno aprenda a leer por muy bueno que sea el proceso? Los procesos han de ser tan educativos como los resultados, pero no en ningún caso, puede dejar de haber resultados.

Emperrados en que la principal tarea del docente es enseñar, confunden enseñar con aprender e incluso, algunos olvidan que su labor fundamental es conseguir aprendizajes en el alumnado.

En muchas ocasiones, solo se trata de aplicar el sentido común, bastaría con recordar la razón por la que se ha montado el sistema educativo. La razón no es otra que conseguir aprendizajes en las nuevas generaciones de ciudadanas y ciudadanos.

Mientras que el profesorado se «emperre» en enseñar, sin tener en cuenta si en cada caso se consiguen aprendizajes, seguiremos con los mismos resultados, asumiendo que un 30% no aprende. La verdadera revolución que nos queda por hacer en educación es el cambio del eje sobre el que gira el sistema educativo, que debe pasar de girar sobre la enseñanza a girar únicamente sobre el aprendizaje.

El sistema educativo es responsable de que todo el alumnado aprenda, repito e insisto, de que todo el alumnado aprenda, con independencia de su punto de partida psíquico, físico, sensorial, social o económico. Cuando las metodologías de enseñanza no llegan a un porcentaje del alumnado, tenemos que idear otras estrategias metodológicas para que ningún alumno o alumna se quede atrás. Cuando los recursos humanos o materiales son insuficientes, tenemos que reclamar que éstos se amplíen u optimicen para que todo el alumnado tenga la oportunidad de aprender. Así, erre que erre, con la idea de que ningún alumno o alumna se vea excluido del sistema educativo, responsabilizando y comprometiendo al profesorado tanto en los procesos como en los resultados.

Aprender o enseñar, ¿quién el pone el collar al perro? Necesitamos centrar todas las actuaciones del sistema educativo en que el alumnado aprenda, a veces incluso sin que le enseñemos, aprovechando todos los contextos y las oportunidades que ofrece la era de la información y la comunicación. La tarea del docente consiste en crear ambientes donde se genere el aprendizaje en el alumnado.

Como con el perro, necesitamos mirar a quien tenemos delante y ver qué puede aprender y descubrir el mejor método en cada caso para conseguir aprendizajes, un cambio de eje y sobre todo un cambio en el pensamiento, ¿quién le pone el collar al perro o el cascabel al gato?

Periódico Escuela
20 de junio de 2013

¿Por qué te vas? o ¿por qué dejo que te vayas?

Una canción muy famosa en la década de los setenta que se titulaba así, *¿Por qué te vas?*, me viene a la memoria cuando pienso en la jubilación del profesorado.

El pasado curso tuve la ocasión de despedir de la vida activa a dos de mis compañeras y dos de mis compañeros en el instituto. Cuatro personas muy distintas, cuatro casos incomparables.

Una había enfermado recientemente y le queda poco para alcanzar los setenta años de edad, se había quedado más años en activo por decisión propia. Otra acababa de cumplir sesenta y estaba cansada desde hace años de la docencia, especialmente desde que tuvo que lidiar con la educación secundaria obligatoria. De los compañeros, uno enfermó pocos meses antes de llegar a los sesenta y sentía la necesidad de irse y el otro, con la misma edad, se encontraba muy bien y sentía tener que jubilarse, pero lo hacía porque la normativa a este respecto se percibe como inestable y prefirió no arriesgar.

Decimos «arriesgar» porque el profesorado que ronda los sesenta años no sabe hoy por hoy si podrá jubilarse a los sesenta, sesenta y cinco o sesenta y siete. Lógicamente, ante este dilema, este *riesgo,* vemos que masivamente se jubila todo profesional que puede hacerlo ahora a los sesenta.

Sin embargo, no todos ni todas desearían abandonar por completo el trabajo en el sistema educativo. Hemos visto que encontramos tantos casos como personas. El problema, desde mi punto de vista, es que se plantea como *todo o nada*. Es decir, si el profesorado que cumple los sesenta años decide seguir en activo debe trabajar treinta horas semanales tan solo con una pequeña reducción del horario lectivo. Si prefiere jubilarse desaparece de toda base de datos y de los programas de gestión de centros educativos y se le considera «persona ajena al centro escolar», ¡incluso después de más de veinte años en un centro escolar! Francamente, no lo entiendo.

Creo que es necesario que la administración educativa y nuestros representantes en los sindicatos se planteen alternativas al *todo o nada* en cuanto a la jubilación del profesorado.

El profesorado veterano es un auténtico pozo de sabiduría. ¿En cuántas ocasiones hablamos del valor de la experiencia del profesorado para el proceso educativo? En cambio, la administración educativa consiente que estas y estos grandes profesionales se vayan a casa, sin aprovechar nada de lo que podrían seguir aportando al sistema educativo. Creo que esto supone un derroche inadmisible de capital humano y de capital profesional que nuestros veteranos y veteranas poseen a raudales.

«¿A dónde irán los besos que guardamos, que no damos?», se preguntaba Víctor Manuel en otra canción, esta de los ochenta. ¿Dónde queda esa experiencia acumulada, tan valiosa, de nuestros profesores y profesoras?, ¿acaso no supone esta forma tan tajante de salir del sistema educativo un cierto desprecio de su experiencia profesional?, ¿por qué no existen fórmulas intermedias?

Es una conclusión frecuente siempre que analizamos nuestro sistema educativo que este necesita una mayor flexibilidad en casi todos los aspectos, también en la jubilación del profesorado. Debería existir la posibilidad de que el profesorado tuviera más opciones además del todo o nada, me refiero a algo así como una «prejubilación personalizada».

La prejubilación personalizada que propongo consistiría en que el profesorado optara por jubilarse por completo o bien realizar tareas para el sistema educativo. Tareas que propusiera voluntariamente a la administración o al centro, según los intereses o experiencias que considerara más valiosas. No se trata de formar grupos de voluntarios ente el profesorado, sino de valorar a los seniors, como tesoros del sistema educativo.

Nos referimos a actividades como, por ejemplo, apoyar la gestión de la biblioteca escolar, programas de animación a la lectura, ciclos de cine, organización de exposiciones o competiciones deportivas, contribuir al mantenimiento de laboratorios, excursiones, gestión informática, impartición de talleres, huerto escolar…y concursos u otras actividades relacionadas con la cultura, el arte, la ciencia, la tecnología o el deporte.

En numerosas ocasiones he hablado de este asunto con personas que estaban en los últimos días de su carrera profesional y no es nada raro encontrar profesorado dispuesto a participar en este tipo de tareas con respecto al alumnado y al centro.

Otra forma de valorar y reconocer la experiencia del profesorado veterano es la tutorización del profesorado novel, ¡cuánto podría un profesor o profesora recién llegado al sistema educativo beneficiarse del capital profesional práctico de una compañera o compañero veterano!

Que la profesión docente es eminentemente práctica y la competencia para educar se desarrolla en el ejercicio de la misma son dos ideas que compartimos todas las personas que hemos dedicado gran parte de nuestra vida a la educación, luego, ¿Por qué no aprovechar la experiencia en el sistema educativo de quienes quieran revertirlo en el mismo?

Del momento histórico que estamos viviendo, algo bastante más profundo que una crisis, podemos extraer algunas enseñanzas y una de ellas es que no podemos desperdiciar la sabiduría obtenida a través de la experiencia, porque si dejamos que se vaya, se perderá para siempre y nos veremos abocados a partir de la inexperiencia una y otra vez. ¿Todo, nada u otras alternativas? ¿Nos dejarán elegir?

Periódico Escuela
20 de enero de 2011

La formación inicial del profesorado: una apuesta por la reflexión, la tutorización y la coordinación

El novelista del siglo XIX José María de Pereda decía que «la experiencia no consiste en el número de cosas que se han visto, sino en el número de cosas que se han reflexionado», en la formación ocurre algo similar.

El aumento de años en la formación inicial de los profesionales de la educación, ya sea en la teoría como en las prácticas, no tendrá consecuencias positivas si no lleva aparejada la reflexión acerca de la misma, esto es, entre calidad y cantidad, siempre que nos movamos en términos razonables, me quedo con la primera.

La apuesta por el aumento en la cantidad de años de formación es adecuada, siempre que se acompañe del intento por mejorar la calidad de la misma, ese es el verdadero reto, luego, ¿cómo mejoramos la calidad de la formación inicial de los profesionales de la orientación?

En principio, deberíamos tender a romper ese hiato tan frecuente en educación entre la teoría y la práctica, que hasta se traduce en el trabajo de los escolares cuando entienden cosas diferentes por «hacer los deberes» o por «estudiar». Estudiar sin hacer una reflexión práctica de lo estudiado es algo así como hacer una memorización sin sentido, como fotografiar un texto y almacenarlo en la memoria inmóvil, estático, para mirarlo, recordarlo, como a una foto. En el sentido contrario, hacer prácticas sobre algo, sin un conocimiento profundo de la teoría que las sustenta, es hacer trabajos mecanizados, como autómatas que repiten unas instrucciones, sin saber de dónde proceden, ni adonde les conducen.

Por ello, los contenidos relativos tanto a la historia como a la teoría de la educación, filosofía y sociología de la educación, son relevantes en la formación básica de un enseñante, pues sirven para comprender cómo es el sistema educativo y qué función ocupa ella o él como profesional de la educación dentro de todo el engranaje, por ejemplo, basta simplemente con tomar conciencia de en qué medida nuestras actuaciones educativas contribuyen a reproducir o a transformar la sociedad, o para no perder de vista que los tiempos pasados siempre fueron «peores», tan sólo hay que asomarse a la historia, la historia de las clases medias y bajas, la historia de la discapacidad o la historia de las mujeres.

Con una mayor formación teórica, aparejada de una reflexión guiada por veteranos y veteranas, el profesorado novel comprenderá que cuántos mas años de educación obligatoria contemple un país, más bienestar redundará en una sociedad, por lo que entenderá que es necesario dar una respuesta educativa al alumnado desmotivado, una respuesta desde dentro del sistema, que retrase la incorporación al mundo laboral de este alumnado en condiciones precarias.

Con esta formación teórico-práctica coordinada entre la universidad y el sistema educativo y la reflexión que proporciona la toma de contacto con la realidad, dejaremos de recomendar al alumnado de doce años, los libros que a nosotros nos gustaron a la misma edad, porque habremos tomado conciencia de los tiempos cambian, y de que, afortunadamente, evolucionan.

Además de la insistencia en la reflexión teórico-práctica, hay que incidir en que es necesaria la actualización del profesorado en torno a contenidos más técnicos, como son las metodologías, la didáctica y las tecnologías aplicadas a la educación, porque es absolutamente necesario superar el modelo actual de escuela, que es el mismo del siglo XIX, por el que pretendemos que con un enseñante que hable, treinta personas aprendan, sin más.

Este modelo arcaico, es el mayoritario en nuestras aulas, un modelo al que no han afectado ninguna de las normativas educativas, porque la base endémica en la que se sustenta sigue siendo la misma: «enseño como me enseñaron a mi». Este modelo aburre por definición y no puede competir, ni por asomo con la televisión, internet y todas las tecnologías al alcance de nuestros jóvenes, niños y niñas.

Las nuevas tecnologías aplicadas a la educación, ponen al servicio del profesorado, una auténtica revolución educativa, pero para verla, es necesario estar formado, saber con qué objetivos hacemos las cosas, es necesario hacer un ejercicio de reflexión e integrarlas profundamente en el trabajo educativo, sin parchear, sino dentro de un conjunto en el que todo va relacionado.

Y en la formación, por último, las prácticas, asunto ante el que el profesor Miguel Ángel Santos Guerra, hacía el siguiente símil:

Imagínese una escuela de natación que dedicara un año a enseñar anatomía y fisiología de la natación, psicología del na-

dador, química del agua y formación de los océanos, costos uni-
tarios de las piscinas por usuario, sociología de la natación (na-
tación y clases sociales), antropología de la natación (el hombre y
el agua) y, desde luego, la historia mundial de la natación, desde
los egipcios hasta nuestros días. Todo esto, evidentemente, a base
de cursos magistrales, libros y pizarras, pero sin agua. En una
segunda etapa se llevaría a los alumnos-nadadores a observar
durante otros varios meses a nadadores experimentados; y des-
pués de esta sólida preparación, se les lanzaría al mar, en aguas
bien profundas, un día de temporal de enero.
(Santos, 1993, citado por Torreblanca, 2003: 121).

Pues bien, las prácticas han de ser la «guinda», de todo
el pastel, lo que culmine la formación, me atrevo a decir,
que lo mejor de la misma. Para ello, que duren más, será
mejor, pero siempre que se acompañen de reflexión, porque
se tenga la suficiente formación teórica para poder «ver más
allá» y esa cuestión la aporta el «saber de la experiencia», de
ahí que sea, absolutamente fundamental que estas prácticas
se tutoricen por aquellos profesionales veteranos que hayan
demostrado contar con experiencia de buenas prácticas a lo
largo de su trayectoria profesional. Esa es la clave, contar
con los veteranos y no sólo con el profesorado, sino también con los especialistas en psicopedagogía en la práctica
de la orientación, que tienen el conocimiento de la realidad
escolar, como un profesional más, a la vez que la formación
psicopedagógica más adecuada para formar en la práctica,
aunque haya temporal en septiembre, al profesorado novel.

Periódico Educaweb
9 de junio de 2008

LA DIÁSTOLE QUE LLENA EL CORAZÓN: LOS ESTUDIANTES EN LA DIANA

El proyecto de vida: el sentido de la mirada desde el interior hacia el futuro

Contra el discurso recurrente consistente en que el alumnado no estudia, son muchos los esfuerzos que siguen haciendo muchos estudiantes. Sacrifican su tiempo de ocio y muchas cosas porque saben que es una inversión en su futuro. Les merece la pena y les compensa, confían en sus mayores y siguen sus consejos. Se imaginan en la proyección de su «yo del futuro» y les gusta lo que ven, por eso luchan, para conseguir su objetivo. Este alumnado forma parte del grupo de quienes lo tienen claro o saben a qué ámbito profesional quieren dedicarse.

En otros casos, saben que no están «cumpliendo con tu obligación». Este alumnado crea conflicto y se encuentras anímicamente mal porque en su fuero interno sabe que ese no es el camino, sabe que tiene que hacer algo y le urge. Sus mayores le dicen que tiene que «vivir de algo», «buscarse la vida». Puede atrasar un poco más la decisión, pero solo es eso: «atrasar» porque algún día hay que incorporarse al mundo del trabajo y eso el estudiante lo sabe. Este alumnado vive en conflicto con sus familias. A veces están paralizados por el miedo, especialmente por el temor a fracasar, a defraudar a quienes más quieren, a sí mismo/a.

El estudio, la formación es un camino largo, muy largo y que resulta aun más arduo si el estudiante no sabe hacia dónde se dirige. La experiencia de caminar sin saber cuál es el destino genera hastío y frustración, cansancio y desesperación.

Para trabajar con el alumnado y acompañarles técnicamente en el proceso es necesario fomentar desde la orientación educativa y la acción tutorial que el alumnado diseñe su proyecto de vida en relación a su proyecto vocacional y profesional y de este modo el itinerario formativo más coherente.

El proyecto de vida

El proyecto de vida es la proyección que una persona hace acerca de lo que desea que sea su vida. Para diseñarlo es necesario basarse en el conocimiento real de su situación personal de partida y a la vez contar con las circunstancias externas. Una mirada hacia fuera: el contexto y otra hacia dentro, al autoconocimiento. Se trata de un proceso de introspección con el que responder a las siguientes preguntas:

- Trayectoria académica: ¿se trata de un estudiante con facilidad para conseguir buenas calificaciones o le cuesta obtener nota?
- Capacidades intelectuales: es necesario tener conciencia de las propias capacidades, saber identificar las fortalezas y debilidades y especialmente los talentos.
- Voluntad y disciplina: hay que tener en cuenta en cada caso la capacidad que tiene cada persona para el sacrificio, las renuncias que está dispuesta/o a hacer, cómo domina su voluntad…

- Contexto socioeconómico: aunque con las becas y ayudas el contexto no es determinante, sí resulta influyente en la práctica pues hay estudiantes que tienen que trabajar para ayudar a la familia o cuyos padres cuentan con ellos para atender a personas dependientes lo que, por ejemplo, les impide estudiar en otra localidad distinta de su domicilio familiar.
- Condiciones de vida para el futuro: este tipo de preguntas responden a la proyección que el estudiante hace sobre su futuro:

  — Cuándo: ¿Le gusta de trabajar siempre con el mismo horario?, ¿le gusta trabajar durante el día o prefiere la noche?, ¿le va mejor trasnochar o madrugar? ¿le importaría hacer turnos?

  — Dónde: ¿Prefiere los espacios cerrados o abiertos?, ¿se siente más cómodo en entornos urbanos o rurales?

  — Contexto social: ¿Le gusta trabajar con personas?, ¿disfruta del trato con la gente?, ¿tiene competencias para trabajar en equipo?, ¿prefiere trabajar con máquinas y sin muchas personas alrededor?

  — Condiciones: ¿Quiere enriquecerse?, ¿prefiere un salario fijo?, ¿le compensaría trabajar mucho para ganar mucho dinero?, ¿le importaría llevar uniforme?, ¿está dispuesto/a a cuidar su imagen si así lo requiere un puesto de trabajo?

  — Vida personal: ¿Es importante que el trabajo sea compatible con su vida personal?, ¿qué es lo más importante: tener pareja, hijos, mascotas, amigos, aficiones...?

— Responsabilidad: ¿Prefiere ser jefe o subordinado?, ¿le importa asumir responsabilidades?, ¿le cuesta obedecer? ¿le incomoda dar órdenes?

— Estilo de vida: ¿le importaría viajar mucho por trabajo?, ¿está dispuesto/a a priorizar el trabajo a la familia?, ¿se trasladaría de ciudad o país por trabajo?

Las preguntas pueden ser muchas más, pero lo importante es destacar que el proyecto de vida que deben realizar los estudiantes está directamente relacionado con el proyecto profesional. Debemos enseñarles a no desligar uno de otro y a elegir un camino profesional que les aporte las experiencias fundamentales que quieren para su vida, ya que eso repercutirá directamente en su felicidad personal. Recordemos la máxima de Confucio: «Si consigues trabajar en lo que te gusta, no trabajarás ni un solo día».

Como ya vimos, la información que precisamos para tomar decisiones tiene dos sentidos: de dentro afuera, el autoconocimiento, y de fuera a dentro, la información sobre la oferta educativa. Para ello es imprescindible la intervención del profesional de la orientación. El orientador u orientadora ayuda a que el estudiante se conozca porque tiene la información sobre el alumno/a, por ejemplo: historial académico, pruebas de intereses profesionales, capacidades intelectuales, tests de personalidad… estas aportaciones complementan la que la familia hace en su acompañamiento al alumno/a en su toma de decisiones vocacionales.

Acudir a tu orientadora u orientador tiene además un valor específico, ya que, por su especialidad, se trata del profesional que mejor información y más actualizada maneja sobre la oferta formativa. Este es un factor fundamental en un mundo en que las posibilidades son cada vez más y se supera el contexto físico, ya que la formación en el exterior y a distancia están adquiriendo cada día mayor relevancia.

La orientación vocacional y profesional es una de las claves del éxito de un sistema educativo porque ayuda a que cada persona encuentre su lugar en el mundo tal como encaja una pieza en un puzle. La elaboración del proyecto de vida es una forma de contribuir al bienestar de las personas, para lo que es necesario un trabajo coordinado de los equipos educativos con las familias y el propio alumnado junto a las funciones técnico especializadas de los profesionales de la orientación en los centros escolares en todas las etapas educativas, desde infantil hasta las etapas no obligatorias con especial relevancia en Bachillerato, Formación Profesional y Educación para Personas Adultas. La orientación vocacional es un proceso de búsqueda que acompaña a las personas a lo largo de toda la vida y debe abordarse desde el rigor técnico y experiencia de los profesionales de la orientación, nos jugamos mucho en ello: el bienestar que persigue cada persona en su proyecto de vida.

Periódico Magisterio
27 de febrero de 2019

La teoría de la criba

Con el mes de marzo comienzan las previsiones para el siguiente curso y cada comunidad educativa debe prever qué hará y cómo. En estas semanas, las familias deben preinscribir a las niñas y niños que se escolaricen por primera vez o que cambien de centro, una parte del profesorado consulta las nuevas plazas vacantes y espera la adjudicación de destinos en el concurso de traslados... También el alumnado de secundaria y bachillerato se plantea los estudios que va a cursar al finalizar cada etapa y, como es lógico, en estos duros momentos de crisis económica y elevado desempleo, las y los estudiantes tienen en cuenta la salida profesional de los estudios como una variable importante en su decisión. De este modo, tras todo un proceso de orientación en que se ha hecho un trabajo muy especializado basado en el estudio de las cualidades personales, intereses, trayectoria académica, preferencias profesionales... los y las estudiantes interpelan: «Sí, pero ¿estos estudios tienen salida?». Como orientadora, recurro a una teoría de mi cosecha: «La teoría de la criba».

La teoría de la criba defiende ante el alumnado la tesis de que cualquier itinerario académico conlleva selecciones y que, en uno u otro momento, todos precisarán de un gran esfuerzo por no ser expulsado de dicha criba.

El sistema educativo tiene la responsabilidad de enseñar al alumnado que su proyecto personal debe incluir un proyecto profesional que le ayude a desarrollarse como persona. Ambos proyectos son indisolubles para la búsqueda del mayor bienestar de la persona y de su entorno.

Por tanto, la elección de estudios debe tener en cuenta los aspectos emocionales que las personas ponen en juego en su ocupación profesional, es decir, el alumnado debe elegir aquello que le haga más feliz. Cuando hacemos lo que nos gusta e interesa, invertimos mayor esfuerzo sin que suponga un gran desgaste, pues se hace por motivación intrínseca.

La teoría de la criba parte de que la elección de carrera debe basarse en la motivación intrínseca y en las variables emocionales porque, sea cuál sea la opción profesional, siempre hay un momento en que hay que luchar por permanecer dentro de dicha criba. Esta selección puede producirse en tres momentos, según el tipo de estudios elegidos.

El primero de estos momentos es el que hemos llamado «criba previa». Hace referencia al esfuerzo que hay que realizar «antes» de comenzar los estudios elegidos. Un buen ejemplo son las carreras universitarias que precisan una puntuación muy elevada para obtener plaza, como las relacionadas con el ámbito sanitario. Hecha la criba con anterioridad, parece que durante la carrera el abandono no es alto y al finalizar los estudios, las perspectivas laborales son buenas.

Existen otros estudios cuya criba se produce «durante» la carrera. Aunque el acceso no precisó una nota elevada, una vez que se ha ingresado en estos estudios universitarios, el alumnado tiene grandes dificultades para aprobar, de modo que el abandono es tan alto y las repeticiones tan frecuentes que se conciben como inherentes a este tipo de estudios.

Estamos hablando de muchas de las carreras técnicas, como las ingenierías. No es difícil entrar, pues las notas de corte no son altas y no se tiene especial dificultad en encontrar un puesto de trabajo al finalizar. Sin embargo, tienen su proceso selectivo en el transcurso de los estudios, la criba está en la capacidad del estudiante de aprobar toda la carrera.

La tercera posibilidad en cuanto al momento en que puede producirse la criba es «después». ¿A qué estudios nos referimos? A aquellos que no presentaron problemas para su acceso pues se obtenía plaza con una nota asequible para gran parte del alumnado. Tampoco suponen grandes dificultades para su superación y presentan un alto índice de personas tituladas cada año. Sin embargo, aquí está la clave, tienen muchas menos posibilidades de inserción laboral inmediata que quienes pasaron las selecciones anteriores. Tienen la criba «después» del paso por la universidad. Además, a este hecho hay que añadir que, frecuentemente, estos titulados no llegan a ejercer profesionalmente la carrera elegida y se ven abocados a trabajar en empleos por debajo del nivel de cualificación obtenido en la universidad. En este tipo de estudios la criba es muy dura y consiste en una feroz competencia entre una gran cantidad de titulados que han de competir por conseguir un puesto de trabajo acorde con su formación. Como ejemplo encontramos los estudios que tradicionalmente llamamos «de humanidades».

Con el desarrollo de esta teoría, puede apreciarse que el esfuerzo ha sido siempre un valor en el sistema educativo, que la motivación es el motor del mismo, por eso, es necesario incentivar que la motivación sea intrínseca y que el alumnado encuentre en su itinerario académico el camino que le lleve a su realización profesional y por consiguiente a un desarrollo personal satisfactorio.

El mundo del siglo XXI necesita de personas motivadas, que se impliquen emocionalmente en el trabajo, que disfruten del mismo y se proyecten en construir un mundo mejor. Si nuestro alumnado elige su itinerario académico pensando en aquello que más le hace disfrutar, menos le costará esforzarse, será más creativo y emprendedor y tendrá más oportunidades. La orientación educativa puede contribuir a afrontar el desempleo y a construir el nuevo modelo económico que Europa necesita. La inversión es a largo plazo, sin embargo, es sostenible y estructural, ¿se habrá tenido en cuenta en la recién aprobada reforma laboral?

Periódico Escuela
15 de marzo de 2012

Afrontando el primer año de carrera

La incorporación a la universidad es un momento clave en la vida de un estudiante ya que supone haber llegado a una meta, se trata de la culminación de todo un proyecto que una persona se había propuesto hace años, es por tanto, un momento de alegría y enhorabuena. Para toda la familia es una gran satisfacción ver este logro conseguido y se encuentran orgullosos, es un momento de felicidad compartida y de enhorabuena.

Al mismo tiempo, se pone fin a una importante etapa, pues se ha superado toda la educación obligatoria y el bachillerato, todo un reto que ha culminado en la selectividad. También para otros, que han accedido a través de un ciclo formativo de grado superior o por la prueba de acceso supone haber llegado a una meta. Sin embargo, el cierre de esta etapa supone la apertura de una nueva, un apasionante reto. En este artículo nos proponemos aportar algunos consejos para quienes afrontan su primer año en la universidad.

Decía Peters que la educación es el autobús que se toma para ir al trabajo. Cuando iniciamos una carrera universitaria tenemos como expectativa que esta formación nos lleve al empleo, sin embargo, la motivación de ir a la universidad no debe ser únicamente la formación para un empleo, la experiencia de estudiar en la universidad debe ser mucho más, de ahí nuestro primer consejo.

Vive la experiencia universitaria

Tómate tu paso por la universidad como una experiencia vital. Intenta pasar por la universidad y que la universidad pase por ti. Implícate viviendo intensamente la experiencia y compagina el estudio con las actividades complementarias que ofrece la universidad tanto culturales, deportivas o de voluntariado. Si te implicas en actividades más allá del estudio obtendrás aprendizajes que te servirán igualmente para toda tu vida y también para el desempeño profesional.

Haz una red de amistades

Comenzar una carrera universitaria supone adentrarse en un mundo profesional, y eso debes cuidarlo. Desde el momento que te incorpores a tu primera clase procura establecer relaciones con tus compañeros y compañeras y además cuida de ellas a lo largo de toda tu carrera, porque te aseguro que a lo largo de toda tu vida volverás a tener contacto con muchos de ellos, algunos serán tus jefes o quizás seas tú la jefa de algunos, puede que compañeros en un trabajo compartiendo empresa o bien asociados y rivales ante una oposición o puesto concreto… Por todo ello, es conveniente que cuides esta red de amistades y de compañeros/as para siempre. Asimismo, te adelanto que en la universidad conocerás a alguna de las grandes amistades de tu vida o incluso algún gran amor. No te lo pierdas.

La salida no está en la carrera, sino en ti

Como orientadora me han preguntado en innumerables ocasiones por las salidas de las carreras, sobre si hay unas carreras que tienen mejor inserción laboral que otras. Mi respuesta es siempre la misma: «la salida de una carrera no está en la carrera sino en ti». Dos personas que estudian lo mismo, sentadas una al lado de otra, con el mismo profesorado, libros y recursos pueden tener vidas laborales muy diferentes. Se puede dar el caso de que una pueda ejercer su profesión de forma brillante y que su compañero de al lado no la ejerza jamás. Luego la diferencia no está en qué carrera han estudiado sino en cómo la han estudiado y en la capacidad de cada persona de implicarse e integrar esos estudios en el propio proyecto de vida.

Sigue tu proyecto de vida

«Sigue tu proyecto de vida», no hay mejor consejo que pueda darte. Tus estudios universitarios formarán una parte muy importante de tu vida y debes ponerlos al servicio del proyecto de tu vida. Reflexiona sobre quién eres, cómo eres, qué te hace feliz: tipos de actividades y entornos personales y profesionales, tu ocio, tus pasiones, debilidades, fortalezas, cualidades, limitaciones… Integra todo y ve haciendo el ejercicio de proyectarte en tu «yo del futuro» y ve construyéndote, construyéndolo con cariño y con reflexión. Aparta de tu vida las cosas y personas que no te ayuden a crecer y sigue adelante por tu camino. No te dejes llevar por modas (ya sabes que hay estudios que se ponen de moda) ni elijas una profesión por el prestigio social, pues tendrás que dedicarle muchas horas de tu vida y no te va a hacer feliz. Piensa en las actividades que realiza un profesional de la práctica en ese ámbito profesional, habla con ellos y ellas y conoce a fondo la profesión simultáneamente, mientras te formas en la universidad. Escucha a tus familiares y valora

Ana Cobos Cecillo

las opiniones de las personas de tu entorno más personal, no olvides que te quieren y te van a dar los mejores consejos, pero al final, decide por ti misma, decide por ti mismo, es tu responsabilidad, tanto la de acertar con la profesión como la de equivocarte, es tu vida, tu proyecto profesional es intrínseco a tu proyecto de vida y esa responsabilidad no la puedes delegar en nadie. Si quieres un consejo para acertar: busca las respuestas dentro de ti, obsérvate y toma decisiones con la cabeza, pero sin contradecir al corazón.

Esta no es la carrera que yo quería

Sí, es posible que tu calificación no haya hecho posible que entres en la carrera que querías y que el destino te haya llevado a comenzar unos estudios por los que, en principio, no sientes una gran pasión. Ante ello, tienes dos opciones: pasarte todo el curso sufriendo la frustración con amargura y pensando en volver a intentarlo, o bien aprovechar la oportunidad que el destino te ha dado de poder conocer unos estudios y que estos te gusten. Son muchos los casos en que un estudiante se enamora de unos estudios cuando los conoce sin haber sabido a priori que estos podrían siquiera interesarle. También es frecuente el caso inverso, es decir, alguien que comienza unos estudios con una idea idealizada y más adelante se encuentra con unos contenidos que, en realidad no le interesan.

Casi el cien por cien de los universitarios consiguen plaza en alguna de las tres primeras opciones. Si te encuentras estudiando una segunda opción, mi consejo es que intentes disfrutar la experiencia y obtener el máximo rendimiento de la misma. No mires estos estudios desde la frustración por no haber conseguido entrar en otros, sino al contrario, míralos buscando lo más positivo que tienen y lo que más puede aportarte, ya te digo que son muchos los casos en que se produce ese enamoramiento. Como dice el profesor Miguel Ángel Santos, «si no puedes hacer lo que amas, ama lo que haces».

Planifica tu estudio

No todo es amor, en la universidad hay que estudiar y mucho. Es muy importante que organices tu estudio desde la primera clase. Los atracones de los últimos días en época de exámenes no te van a servir de mucho. Presta atención en cada clase, ve siguiendo a cada profesor o profesora, pregunta lo que no entiendas y vete a casa cada día con la sensación de haber aprovechado la clase. Después planifica tu estudio de modo que puedas desarrollar tu trabajo en casa a la par del que se desarrolla en clase, no dejes para mañana lo que puedas hacer hoy y que no se te acumule el trabajo.

Recurre a fichas, resúmenes, esquemas…, es muy importante que organices la documentación y los contenidos de forma que puedas memorizarlos y desarrollarlos en los exámenes, pero ya sabes, con organización y poco a poco, comprendiendo y con un sistema de recuperación (tanto de la información en sí, como en tu memoria) bien planificado.

No te saltes clases

Del consejo anterior se deduce que obviamente, no debes saltarte clases, pero, como dice Matías Prats en un anuncio televisivo, «perdona que insista». En la universidad, gran parte de la vida se hace en las cafeterías como ya sabemos, pero ten cuidado y no te dejes tentar, pues en la cafetería te va a ser difícil llevar al día cualquier asignatura. Además de la cafetería te surgirán muchas tentaciones para saltarte clases, pero no te conviene, te aseguro que faltar a las clases es el primer paso para abandonar una carrera. Faltar a clase supone perder el hilo de la asignatura y después, cuando queremos llamar a Ariadna, nos encontramos que tiene el teléfono fuera de cobertura y ya no podemos recuperarlo.

Y COMO CONSEJO COLOFÓN: DISFRUTA

Sí, disfruta, disfruta y disfruta. Disfruta del estudio, de llevar el trabajo al día, de comprender cada clase, de las actividades culturales, de los deportes, de las cervezas y del café, de las fiestas universitarias, de los viajes de estudios, de los Erasmus y programas europeos, del amor, de la amistad, del compañerismo, de la admiración por los grandes profesores y profesoras que sin duda te marcarán…

Disfruta desde el comienzo de adentrarte en un mundo profesional al que podrás aportar mucho, de formarte muy bien, de implicarte a fondo, y de poder devolver a la sociedad lo que esta ha invertido en ti. Vive tu experiencia en la universidad con compromiso, intensidad e implicación. Enhorabuena y confía en ti, te traerá suerte.

Revista Entre Estudiantes
Septiembre de 2017

Robo de la infancia, un daño irreparable

Viví en primera persona los comienzos de la implantación de la LOGSE en los institutos. En aquella primera época preocupaba mucho a los padres y madres que los niños de 12 años se incorporaran a los centros de secundaria porque les consideraban inmaduros y temían que los estudiantes mayores pudieran hacerles algún daño.

Mi misión como orientadora en aquel momento era tranquilizar a las familiasy facilitar el tránsito de este alumnado, lo que fácilmente se lograba, pues el miedoa que los mayores molestaran a los pequeños era completamente infundado y nunca hubo (ni hay) problemas de convivencia a causa de que el alumnado veterano de los institutos se burle de los benjamines.

Sin embargo, desde la perspectiva de las décadas de experiencia en los centros de secundaria recibiendo cada año al alumnado de sexto curso de primaria para incorporarse a la ESO, veo que sí, que existen problemas en la adaptación delalumnado de 12 años y planteo, que ahora que se está en estudio de un pacto por la educación, pueda darse «una vuelta» a este tema.

Por mi parte, ya le he dado unas cuantas vueltas y no termino de encontrar ventaja en que el tránsito de etapas se haga en este momento, justo a los doce años. Asimismo, tampoco encuentro los motivos por los que se tomó esta decisión en su día. Por el contrario, sí veo algunos perjuicios que están dañando al sistema educativo, a la sociedad y aún peor, a la infancia, y que paso a exponer a continuación.

Primero: motivos de desarrollo psicoevolutivo

La etapa 12-14 constituye un momento de crisis (cambio evolutivo) que necesita tiempo para superarse de cara al saludable desarrollo personal de los niños y jóvenes. El alumnado de sexto curso en el colegio de primaria es el grupo de veteranos en el centro escolar y la vivencia de sentirse maduro en un contexto es muy positiva a los 12 años porque ayuda a afianzar el desarrollo en el proceso de maduración personal. Se trata de una etapa que necesitaría que se prolongara en el tiempo lo suficiente para que los niños y niñas llegaran al centro de secundaria con la etapa de la infancia superada, es decir, vivida y experimentada hasta el final de la misma.

Segundo: motivos de origen social

Cuando las niñas y los niños llegan a los centros de secundaria con 12 años, el contexto escolar supone una presión social de tal calibre para ellos que se ven obligados a hacerse «mayores» en apenas unas semanas. Por ejemplo: los niños y niñas en sexto curso de primaria utilizan mochila de ruedas, las mismas que no se atreven a usar en el instituto, tampoco admiten públicamente que juegan con juguetes o que aún salen los fines de semana con sus padres. Este tipo de conductas propias de la infancia no son admitidas en el contexto social del instituto y se silencian, provocando que muchos niños y niñas tengan que vivir casi de forma clandestina sus últimos años de infancia y lo que es más grave, sin poderlos compartir en su entorno social y educativo. Asimismo, son frecuentes los casos en que niñas y niños se ven presionados por el contexto a crecer deprisa y por ejemplo, a iniciarse en relaciones de pareja y/o sexuales de forma prematura, lo que también incide negativamente en el adecuado desarrollo afectivo y social.

Tercero: motivos de origen escolar

La fractura entre la primaria y la secundaria hace daño al sistema educativo, pues en la etapa 12-14, que es un momento clave en el desarrollo escolar de un estudiante, es cuando menos apoyo psicopedagógico encuentra en su contexto escolar, pues se encuentra ante unas condiciones escolares que no lo facilitan: aumenta el número de materias a cursar, se dobla el número de docentes que lo atiende y además se divide la formación en psicopedagogía de los responsables en ayudarle a finalizar la infancia, comenzar la adolescencia y prepararse para la adultez (que además ahora deben preocuparse de impartir las unidades didácticas y establecer los estándares de aprendizaje evaluables).

Todo ello, ocurre además en una etapa que, aunque se divida en dos: primaria y secundaria, sigue siendo obligatoria, a lo que se une otro motivo: tener que permanecer en el sistema educativo hasta los 16 años, te guste o no te guste, en incluso: te estén dando o no respuesta a tus necesidades educativas, intereses profesionales y/o necesidades emocionales.

Por todo lo expuesto, solicito a quienes están trabajando en la responsabilidad de diseñar un sistema educativo estable y de calidad, que valoren si en la etapa 12-14 se está produciendo un robo de la infancia de las personas, una aceleración de una etapa evolutiva que debería agotarse en un contextoapropiado para la infancia. Les pido que le den una vuelta, porque si se está produciendo ese robo, se trataría de una lesión vitalicia, imposible de restaurar. Creo que siempre es posible hacer algo por mejorar las cosas, quizá sea una idea ingenua o es que todavía puedo escuchar a la niña que fui que se asombra ante el hecho de que nadie se cuestione algunas cosas «de niños».

Escuela
5 de abril de 2018

¿Llegan preparados a la Universidad?

¿Llega el alumnado preparado a la Universidad? esta es la pregunta que me propone David Val de la revista *Entre Estudiantes* poner sobre la mesa y es bastante complicado. Escuchando el runrún de las aulas, departamentos y salas de profesorado puede reconocerse que coexisten dos creencias, contrapuestas pero que perviven simultáneamente desde hace siglos: la preparación no es buena y, a la vez, convivimos con la generación mejor preparada de la historia.

Es contradictorio, pero por un lado se considera que los jóvenes involucionan cada generación con respecto a sus progenitores y de este modo son menos respetuosos y parecen tener menos formación que las generaciones anteriores. Esta creencia puede ilustrarse con escritos de autores clásicos como Hesíodo o Platón, donde se recoge esta idea. Por otro lado, la sociedad tiene conciencia de que cada generación da un paso adelante y que el mundo está involucrado irremediablemente en un camino sin retorno en el progreso en campos donde los avances son tan evidentes como las ciencias y las tecnologías. Luego, ¿esta promoción de estudiantes que ahora llega a la Universidad, se encuentra en avance o en retroceso en comparación con generaciones anteriores? La respuesta quizá pase por olvidar generalizaciones simplistas y concretar en qué asuntos podemos situar a los nuevos universitarios en pasos adelante o atrás.

De lo primero que nos acordamos cuando queremos despejar la incógnita del «qué» con relación al asunto de si existe o no un avance es del tan manido concepto del «nivel», pues desde siempre en educación oímos una y otra vez hablar del nivel sin que nadie pueda definir exactamente en qué consiste esa entelequia.

Perdone quien lea este artículo mi osadía, pero voy a atreverme a aclarar lo que quiere decirse cuando se menciona el «nivel» en los centros educativos. Se trata de una abstracción que compartimos de forma irreflexiva y que se asocia a un concepto que engloba el logro de competencias que se «supone» cada estudiante «debería tener» (insisto en el entrecomillado) al finalizar cada etapa. Estos estándares (y aquí sí que recogemos el premio gordo del sorteo de Navidad del sistema educativo español del siglo XXI) se han definido en contextos donde no hay alumnado: son constructos puramente teóricos que complican el trabajo docente a un profesorado que sí tiene cada día en las aulas alumnado con tantas diversidades y necesidades como personas tiene delante, gran complicación esta de los estándares que en nada beneficia ni a ese alumnado ni a la calidad del sistema educativo.

Todo esto sí que supone una auténtica entelequia, un concepto irreal y hasta fantasmagórico propio de un sistema educativo que más pareciera una factoría de fabricación en serie, tal como recogía Pink Floyd en su vídeo *El muro* (https://youtu.be/Nlkugty2NDA), que un sistema escolar que tenga como objetivo la educación de personas desde su individualidad, hacia su propio potencial y con el valor de su diversidad.

Los estudiantes son personas con muchas diferencias entre ellas, afortunadamente, por lo que hacer la generalización de que llegan poco preparadoses, como poco, inexacto. Hay quienes llegan a la Universidad desde el Bachillerato y todavía son menores de edad cuando comienzan primero. Otros alumnos, sin embargo, acceden desde pruebas de acceso para mayores de 25 o 40 años, es más, hay quienes llegan a la Universidad tan solo por tener 45 años cumplidos, sin requerimiento académico alguno, y estas diferencias son solo las que nos arroja el criterio de edad.

Si atendemos al criterio de formación previa, las combinaciones siguenaumentando y complicándose exponencialmente, pues hay quienes han cursado Bachillerato únicamente antes de entrar en la Universidad y otros que, además de estas enseñanzas, ya han obtenido una cualificación con un ciclo formativo de grado superior de Formación Profesional e incluso con un grado universitario. Debemos recordar que, en España, desde hace décadas, la Formación ProfesionalSuperior no es la alternativa al Bachillerato, aunque ambas abran las puertas de la Universidad, y que gran parte de quienes poseen un título superior de Formación Profesional tenían previamente su Bachillerato.

Asimismo, para determinar la preparación con que llega el alumnado a la Universidad existen otros muchos criterios tan importantes como la experiencia laboral. Esta puede marcar diferencias muy notables entre el alumnado, pues habertrabajado en un ámbito profesional puede ser determinante a la hora de comenzar unos estudios universitarios. Así, por ejemplo, la experiencia profesional previa o simultánea en hostelería puede ser muy valiosa para quien comienza el grado de Turismo o Gastronomía, tal como podrían serlo las clases particulares para quien estudiará el grado de Educación Primaria.

Podríamos seguir profundizando en criterios imprescindibles para valorar la madurez de una persona, tales como la experiencia vital, haber viajado o disfrutado de estancias en el exterior, haber participado como voluntario en proyectos con población vulnerable, formar parte de un partido político o de una organización no gubernamental o asociación de otro tipo, tener formación y realizar actividades culturales, artísticas y/o deportivas…, son tantas las diferencias entre las personas cuando llegan a la Universidad, que aún multiplicamos más y más las posibles combinaciones cuando incorporamos los intereses, cualidades, aficiones, vocaciones y talentos propios, por no mencionar la diferencia entre universitarios que leen y los que no leen, entre quienes tienen curiosidad e inquietud intrínseca por aprender y los que solo estudian cuando la obligación se lo requiere en la búsqueda del aprobado. Las posibilidades son infinitas.

La diversidad del alumnado es tan rica y tan valiosa que resulta una simplicidad muy poco rigurosa decir que los universitarios llegan menos preparadosa la Universidad que en generaciones anteriores porque, además es sencillamente falso. Es necesario contemplar cómo la Universidad se ha universalizado en España y lo preciado que es para un Estado democrático y moderno que gran partela población «pueda llegar» gratuitamente a la Universidad en el siglo XXI. Insisto enlas comillas del «poder llegar» porque lo realmente valioso en una democracia no estanto que «todos lleguen», sino que «todos sientan que pueden llegar» y que esa sensación se corresponda con una percepción real.

El «nivel» es un mito educativo más, al igual que es un mantra erróneo considerar que la educación superior ha degradado este «nivel» de preparación y cualificación porque se haya hecho accesible y extensiva a las personas de origen económico más humilde. Si nos fijamos, esta idea de que hace años existía unbuen nivel de formación y que de este se beneficiaban unos pocos forma parte del discurso neoliberal y relativo al orden social por el que la sociedad se organiza según clases sociales estancas, donde el nivel de partida económico es el condicionante de más peso para el desarrollo profesional y social en toda una vida.

Se trata de un nivel económico, y este sí que es un verdadero «nivel» que sitúa a unas personas por encima o por debajo de otras. Y precisamente para superar niveles y determinismos debe estar la Universidad, la Universidad pública. Laobligación moral del sistema educativo y también del universitario no consiste en poner el foco en observar cómo el alumnado llega de preparado a los estudios superiores, sino en formar y cualificar para que el potencial de cada persona se acerque al nivel máximo de preparación. Esto sí que marca un «nivel», el nivel de calidad de un sistema educativo.

Entre Estudiantes
12 de junio de 2019

¿Y si no quieres estudiar?

Como orientadora, cada día me encuentro más ante alumnas y alumnos que me dicen que no quieren estudiar, que no les gusta y que no están dispuestos a hacer el esfuerzo que ello supone. Por mi parte, la respuesta es clara, sé que hay que decirles que hay que estudiar porque es necesario invertir en el propio futuro y que si no se hace el esfuerzo, algún día se arrepentirán. Sin embargo, difícilmente este argumento «cala» en este alumnado, que ya han oído esta misma idea en infinidad de ocasiones y no les hace efecto alguno de puro desgaste.

Llegado este momento, ¿qué podemos hacer? Los orientadores, al igual que los padres, madres y docentes seguimos argumentando con mil y una versiones más el mismo razonamiento dicho de muchos modos. Es cierto que algunos jóvenes parecen reaccionar y otros siguen en sus trece y parece que no hay forma de influirles (te miran y vuelven a concentrarse en su móvil). Sin embargo, no nos damos por vencidos y seguimos erre que erre.

El sistema educativo ofrece oportunidades casi infinitas para atender al alumnado, a «todo el alumnado» y claramente podemos decir que se puede clasificar en dos grupos: 1) los que quieren y 2) los que no quieren.

Para los que «quieren» hay un montón de posibilidades: se pueden hacer adaptaciones, refuerzos, apoyos y ayudas de todo tipo para que puedan conseguir el objetivo de alcanzar una cualificación con la que incorporarse al mundo del trabajo y ser independientes, lo que siempre llamamos: «buscarse la vida». El sistema se siente muy reconfortado por ello y asimismo los profesionales que estamos implicados. En cambio, para los que no quieren…, no hay recursos. Así de duro y de definitivo: si el propio alumno o alumna no activa la maquinaria de ponerse a luchar por conseguir un futuro, su propio futuro, no hay nada que podamos hacer, por más argumentos que empleemos.

También hay otra clasificación del alumnado, es burda pero muy entendible: «quien puede» y «quien no puede». Antiguamente se decía «A quien natura no da, Salamanca no presta» pero ya no es así, pues como hemos dicho, el sistema educativo ofrece todo tipo de posibilidades, la igualdad de oportunidades es real en la España del siglo XXI. Poder o no poder, en principio, pudiera parecer definitivo en cuanto a las oportunidades de conseguir los propios objetivos, sin embargo, no es tan determinante como la voluntad de querer o no querer hacer el esfuerzo. Por ejemplo, para quien «no puede», las oportunidades que ofrece el sistema son muchas y siempre hay algún modo de conseguir el objetivo, aunque sea parcialmente, lo que proporcionará una gratificante sensación de éxito. Todos conocemos a personas que con mucho esfuerzo han conseguido hacerse un hueco en la sociedad y ser felices desarrollando su proyecto personal y profesional, en cambio, quien no quiere hacer el esfuerzo, por mucho que pueda…, no, no conseguirá sus objetivos ni sentirse realizado ni feliz.

Querer y poder, esa es la cuestión parafraseando al ilustre escritor. En el sistema productivo actual no hay sitio para quienes no quieren hacer el esfuerzo y por más que quienes estamos cerca de ellos se lo digamos, no quieren hacer caso. Porque a la vez, el sistema social y los medios de comunicación nos presentan un mundo fácil, donde parece que ser famoso por unas horas es tener éxito, donde parece que ganar dinero proporciona satisfacción, donde, por ejemplo, llaman cantante o músico a quien nunca vio una partitura o actor a quien nunca memorizó un texto o supo de la existencia del teatro como género literario. Parecer, parecer y parecer, es el verbo que he empleado porque lo que «parece» no tiene porqué «ser», parecer es aparentar, es la cáscara, el ser e lo que hay dentro.

Cualquier estudio que trate de la empleabilidad en el futuro más inmediato nos presenta un panorama donde la especialización será una de las claves para encontrar trabajo y no solo eso, sino que esta especialización deberá ir unida a una formación amplia, basada en habilidades complementarias como idiomas, conocimiento en tecnología, habilidad para trabajar en equipo y competencias emocionales para superar la frustración y dominar el autocontrol en situaciones de estrés. Sin embargo, esa información no llega de forma masiva a nuestros jóvenes, ¿podemos hablar de que se les está engañando?, ¿hay personas y/o poderes manejando intencionalmente estos hilos para que esta situación siga así? Yo no lo sé. Solo considero, como orientadora veterana tras muchos años viendo repetirse estos modelos que nuestro mundo se encamina hacia un mundo cada vez más desigual. Un mundo donde solo unos pocos tendrán el poder, el poder que genera el conocimiento, la información, la cultura y la capacidad ejecutiva y crítica.

Personas que podrán manipular a quienes no hicieron el esfuerzo de formarse porque no serán capaces de «ver» más allá de lo que «parece» y que se conformarán con un plato de comida y una pantalla, con un mundo de apariencia donde incluso creerán que no podían haber hecho nada más por conseguir su proyecto, sin darse cuenta de que en sus años de formación lo dejaron escapar.

Revista Entre estudiantes
Abril de 2018

EL CORAZÓN NO TIENE GÉNERO: MUJER E IGUALDAD

Ana es nombre de abuela, las abuelas educan

Cuenta la historia que Ana era la esposa de Joaquín, ambos abuelos de Jesús de Nazaret, hijo de María. Por ello, en el santoral, Ana y Joaquín son los patrones de los abuelos.

En los tres últimos cursos he tenido la oportunidad de conocer a dos abuelas de un alumno y una alumna de mi centro, ambas llamadas Ana. No sé si ellas también podrían ser santas, lo que sé es que en muchas ocasiones han despertado una ternura, por lo que he querido hacerles este pequeño homenaje.

Ellas son el referente familiar de estos alumnos en el centro. Estas abuelas son madres de personas desempleadas desde hace años, que perciben ingresos mínimos. Con su pensión mantienen económicamente a todo el núcleo familiar desde hace años, de hecho, nunca dejaron de contribuir con sus ingresos a la economía familiar y saben que lo seguirán haciendo mientras vivan y quizás incluso después, pues dejarán una vivienda pagada de la que se seguirán beneficiando sus descendientes, son abuelas-sustento.

Estas abuelas son madres de hijos con adicciones y enfermedades crónicas que apenas pueden responsabilizarse de sus hijos, son abuelas que ponen los pocos límites educativos que el cansancio de la vejez les permite, por eso son abuelas que educan, son abuelas-educadoras.

Conviven con adolescentes, que dejan tras la ducha el baño con un reguero de ropa sucia por el suelo, que desaparecen de la cocina si ven un plato sucio, que no quieren hacer la más mínima tarea doméstica y que cuando se les pide ayuda, emplean malos modales, de emperador tirano y malcriado. Son abuelas-púgiles.

Contra toda lógica, estas abuelas son amorosas y cuidan de sus nietos. Acuden al centro escolar para coordinarse con la tutora, recogen los deberes del centro cuando el nieto está enfermo, les llevan el bocadillo al centro en el recreo, porque son abuelas-cuidadoras.

Además, estas abuelas cocinan para toda la familia, hacen borrachuelos por Navidad y tienen prisa a las 14.00 horas porque tienen que terminar el puchero, son abuelas-cocineras.

Son abuelas, pero ejercen de madres sin edad ni energía para serlo, anacrónicas, descontextualizadas, con la fecha de caducidad de la maternidad superada hace tiempo, pero obligadas por las circunstancias a ejercer de madres, con la fuerza que el amor les proporciona.

Es duro y muy triste verlas llorar cuando te confiesan su impotencia. No saben qué hacer más por ese adolescente al que han dado y siguen dando todo y que no les devuelve nada más que disgustos. Aún así siguen dándoles su amor y cuidado, porque saben que están sembrando, aunque también están seguras de que no vivirán para ver los resultados.

Con este artículo quiero hacer un homenaje a estas abuelas, tocayas mías, mujeres por las que siento un profundo respeto y afecto, abuelas y madres a las que admiro, porque ellas cada día, desde su anonimato y con su silenciosa entrega contribuyen a hacer un mundo mejor.

Periódico Escuela
19 de enero de 2017

Machismo emocional y retos pendientes para la igualdad

En esta semana hemos asistido a la conmemoración del 8 de marzo, día de la mujer. Sin duda, ha sido un rotundo éxito no solo por la participación que es cada año mayor que el anterior, sino también porque el mensaje central de la movilización está calando en nuestra sociedad: «el feminismo es la lucha por la igualdad entre sexos y un movimiento imparable porque es de justicia». Tan sencillo y contundente a la vez.

Como no podía ser de otro modo, los medios de comunicación se han hecho eco de la repercusión del movimiento poniendo mucho el énfasis en la brecha salarial entre hombres y mujeres. Hay que seguir reivindicando lo que es de justicia: que se cobre lo mismo por realizar el mismo trabajo, al igual que otras cuestiones profesionales como la selección profesional, donde todavía las mujeres estamos en condiciones de desventaja. Resulta paradójico pensar que simultáneamente a que se nos responsabilice de las tareas domésticas y el cuidado de las personas más dependientes por ser mujeres, además se nos penalice con menos oportunidades para conseguir un empleo en comparación con hombres de curriculum vitae similar, justo por tener asignadas esas tareas. Ser mujer en nuestro mundo parece consistir en que siempre te toque la parte estrecha del embudo.

En mi convivencia diaria con adolescentes en el instituto observo que el machismo sigue ahí, muy presente en el sentir de ellos y ellas, lo que me parece alarmante. El mensaje acerca de la desigualdad por razón de género en el empleo no llega a los jóvenes, para ellos y ellas el reto de conseguir un puesto de trabajo digno es casi una quimera que no tiene género. Las chicas y chicos no están en absoluto preocupados por la brecha salarial o la discriminación por género en el ámbito profesional, es más, a gran parte de ellas y ellos no les inquieta el machismo, porque sencillamente: no lo ven.

Ver el machismo, visibilizar la desigualdad es el primer paso para trabajar el feminismo. Sin embargo, hay partes muy visibles y en cambio otras que están muy escondidas, a modo de iceberg porque son hondas, oscuras y atañen a las entretelas más íntimas del corazón, me refiero a lo que podríamos llamar: el machismo emocional.

Los adolescentes tienen como prioridad de su vida las relaciones con sus iguales, ya sean de amistad o de pareja, siempre ha sido así, es una etapa del desarrollo socioafectivo por la que es necesario pasar. En los tiempos de las redes sociales, se multiplican los círculos afectivos y el número de relaciones, pero la dinámica es la misma: la necesidad de compartir ideas, sentimientos y emociones con el grupo de iguales, obtener la aprobación y desarrollar el sentimiento de pertenencia. En este contexto social y afectivo, las emociones están a flor de piel, pues como adolescentes viven esta etapa de la vida con intensidad tanto en el mundo real como en el virtual, sin embargo y aunque creamos que hemos evolucionado mucho en la igualdad entre géneros, aún pueden identificarse situaciones de machismo emocional.

Como orientadora me encuentro en muchas ocasiones con estudiantes que necesitan un momento de escucha y de desahogo por razón de desamor, siempre son chicas, ellos no admiten que el amor les duela porque la hombría implica fortaleza. Las chicas siguen manteniendo la misma ancestral idea, que quizás supere al argumento del amor romántico y venga de la prehistoria, por la que deben conquistar al varón y mantener su amor en exclusividad hasta conseguir que este sea su pareja a modo de «su señor, su dueño o el dueño de su amor». Los chicos en cambio mantienen la creencia de que las chicas deben ser decorosas para ser respetables y merecedoras del amor serio y formal por parte de ellos.

¡Qué anticuado y añejo suena esto y sin embargo qué cierto es que todavía lo oímos en los centros!, ¡Qué involución respecto a la generación de sus madres y padres!. Las chicas han asumido un papel pasivo que, en parte, se ha importado del cine estadounidense, eso de esperar pacientemente a que un señor tenga a bien pedirle el matrimonio con un anillo y a ser posible de rodillas y en público nunca ocurrió en Europa. Han olvidado que sus madres y abuelas organizaron las bodas y convivencia desde la idea de vivir en un proyecto común con sus hombres, sin que nadie tuviera que esperar pasivamente a nadie.

Las chicas tienen que manifestarse como pasivas para ser respetables y tener la oportunidad de ser merecedora de una pareja formal. En cambio, ellos deben seguir siendo activos e incluso agresivos para tener éxito delante de ellas, un papel ciertamente agotador también para muchos chicos. Hace unos días, un alumno de quince años me enseñaba un video que mostraba a una chica de unos veinte años bailando de forma sexy con los pechos casi desnudos. El alumno decía que esta muchacha era puta, a lo que yo respondía que la prostitución es un trabajo que ejercen tanto mujeres como hombres, lo que no guarda relación alguna con la forma de bailar. Se puede bailar de manera erótica siendo arquitecta o electricista y también se puede ser prostituta sin bailar sexy. La relación entre ser mujer, activa y sexual aún lleva aparejada la descalificación inmediata entre un porcentaje importante de nuestros jóvenes y no solo entre los chicos, sino también entre ellas, quienes siguen compitiendo por el varón «macho alfa» como trofeo y a lo troglodita.

Por todo esto, es necesario seguir trabajando decididamente por la igualdad en el sistema educativo, concretando las actuaciones en torno a las siguientes ideas fuerza:

Primero fomentar la sororidad entre las chicas. La competitividad entre mujeres cala muy hondo en el sentir de las chicas y deforma el camino de la cooperación, tan necesaria entre las mujeres para hacernos fuertes, junto a los hombres, frente al machismo. Asimismo, es necesario visibilizar a los chicos feministas que están al lado de las chicas y que están dando la cara por la igualdad, no solo ante los chicos machistas, sino también ante las chicas machistas, que también hay muchas que ni siquiera saben que lo son.

En segundo lugar, es necesario trabajar programas educativos que destierren la idea del amor sumiso (mal llamado amor romántico), de la existencia de una media naranja imprescindible para completarse como ser, de la exclusividad en los afectos, de los celos como expresión de amor encendido, del compromiso y «aguante» para toda la vida…Es una empresa bastante difícil pues el cine, las canciones con más éxito entre los jóvenes y hasta Disney atacan fuerte con esta idea desde la más tierna infancia, pero no nos queda otra, amar desde la posesión y sin libertad tiene otro nombre distinto de amor.

Por último y como reto aun más complejo, hemos de trabajar para potenciar la independencia emocional de las chicas y esta es una de las claves para que alguna década próxima veamos la igualdad real. Es necesario trabajar en educación y la orientación con el objetivo de que cada persona con independencia de su género, lleve adelante su propio proyecto de vida, en lo personal y en lo profesional, entendiendo que la o las parejas son personas que acompañan en la vida para aportar cosas buenas, sin concesiones al sufrimiento gratuito. Chicas que comprendan que serán dueñas de su dinero, su imagen, su tiempo, sus afectos, sus ambiciones, sus logros y sus frustraciones. Como decía mi abuela Paca: «En esta vida hay que saber distinguir» y las mujeres con verdadera independencia emocional sabrán que un verdadero compañero se alegra de sus éxitos sin competir con ella, se pone contento cuando ella está contenta, aunque él no esté presente. Esas mujeres con independencia emocional son responsables de su bienestar y se cuidan, están comprometidas con lo que piensan, dicen y callan, son dueñas de su sexualidad y de sus orgasmos, pues como sigue diciendo el gran Serrat de esa mujer que queremos: «no necesita bañarse cada noche en agua bendita».

Periódico Magisterio
24 de abril de 2019

El lenguaje machista no es educativo

El lenguaje está en lo más profundo de la forma en que las personassentimos y con ello nos expresamos y gestionamos toda la información de nuestro entorno. El lenguaje da forma al pensamiento y está presente en el diálogo interior de cada ser humano. Por todo ello, el lenguaje construye pensamiento y simultáneamente define y desarrolla los propios sentimientos, así como la forma de situarse en el mundo, desde la propia identidad y la convivencia con los demás. Podemos incluso afirmar que para los seres humanos lenguaje y pensamiento son indisociables.

Como respuesta a las propuestas del feminismo en cuanto al uso del lenguaje, es frecuente encontrar artículos donde se afirma que el uso del masculinogenérico incluye a la mujer. Nadie debe molestarse entonces pues emplear el masculino genérico consiste en un uso correcto que nunca tiene pretensión de ser machista pues va a favorecer un mejor estilo. Así, por ejemplo, la Real Academiade la Lengua Española insta a las mujeres a que nos sintamos incluidas en el «todos». Pero, ¿qué ocurre si algunas mujeres no nos sentimos incluidas en ese «todos»? La Real Academia puede establecer la norma para el uso del lenguaje y decirnos que nos sintamos incluidas en el masculino genérico, pero, si aún así y después de mucho intentarlo, no lo sentimos ¿Cómo puede la Real Academia conseguir que a través de la lengua las mujeres nos sintamos incluidas en el masculino genérico?

La decisión de la Real Academia de afirmar que el masculino genéricoincluye a las mujeres es tan arbitraria como si se afirmara que no lo es, pues se basa en el uso tradicional e histórico de la lengua, un uso machista, propio de tiempos del pasado en que todo ha sido machista, la lengua también.

Vaya por delante que en ningún caso digo que la RAE sea machista, pues creo que es evidente que la intención de la Real Academia es favorecer el estilo y evitar lo farragoso que puede resultar el lenguaje si continuamente duplicamos todo cuando pretendemos visibilizar a las mujeres, pero es que se trata de eso, de visibilizar, de decir: ¡Oye, estamos aquí! Y eso es importante, muy importante. Si el precio de que nuestra sociedad reconozca a las mujeres es que el lenguaje pierda un poco de estilo, entiendo que es asumible después de tantos siglos de discriminación e invisibilidad.

El movimiento feminista es muy reciente en la historia, no ha hecho nada más que empezar, en nuestro país solo lleva unas décadas. Es un movimiento aún muy joven y frágil, tanto como es a la inversa de profundo el pensamiento ligado al lenguaje. La visibilización de las mujeres en nuestra sociedad es un David frente a un Goliat, máxime si se encuentra enfrente a estructuras rígidas ancladas en tiempos pasados.

Visibilizar que las mujeres existen en el lenguaje es una deuda histórica con las mujeres. No se trata de hacer una exigencia radical en el lenguaje por el que siempre haya que duplicar, pues efectivamente afea el lenguaje, de lo que se trata es de tener en cuenta que las mujeres estamos ahí y que el camino hasta haber llegado a algunos puestos ha sido muy duro.

Es muy llamativo ver en los informativos de televisión a las presentadoras hablando de «mujeres» como si se tratara de un colectivo ajeno, pues el «nosotros», es un masculino genérico que, aunque sea simplemente lenguaje, no es nada inocente. Porque en nuestra sociedad, decir «nosotros» significa: ser hombre de etnia caucásica, heterosexual e integrado socialmente. Por eso, aunque parecer un oxímoron la lucha por la igualdad va unida a la lucha por la diversidad.

Queda mucho camino por recorrer para llegar a la igualdad real. Mientras una mujer de cualquier edad no pueda pasear sola de madrugada por tener riesgos extra con respecto a los que tiene el varón, no habrá igualdad. No habrá igualdad siempre que siga siendo tradición que sea ella quien sacrifique la carrera profesional, la que se adelante al hombre en la atención a los hijos o a los mayores, ya sea ante el marido o el hermano.

Cuando desde el feminismo queremos que se diga que hay médicos y médicas, jueces y juezas, arquitectos y arquitectas, ingenieras e ingenieros, es porque queremos recordar que hace unos años no había mujeres en estas profesiones y que, si en la actualidad hay tantas, ha sido gracias al esfuerzo que ellas y su entorno han hecho para que sea posible. Y queremos seguir visibilizándolo porque es bueno para todos y todas que haya mujeres en todos los ámbitos profesionales, para que las niñas conozcan de su existencia y vean un reflejo de ellas que pueda guiar su futuro. Porque hay que invertir mucho en sororidad.

Puede que se me tache de osada al escribir un artículo como este sin ser especialista en lengua y admito mi osadía por la parte que toca a la lengua, sin embargo, como profesional de la educación creo que es educativo visibilizar a la mujer en el lenguaje, no solo para nuestro alumnado sino también para la sociedad en su conjunto.

Porque las mujeres estamos ahí, estamos aquí, en todos los ámbitos profesionales, en las casas, familias, bares, calles…, somos parte del mundo y de la vida, también del lenguaje porque el lenguaje es una construcción social, que ha llegado a nuestros días con el uso de otros tiempos, por lo que ha de evolucionar y no lo hará desde la Real Academia hasta la sociedad, sino en sentido inverso, desde el uso que hace el pueblo hasta quien hace la norma, del mismo modo en que siempre se producen todos los cambios, de abajo hacia arriba.

Es frecuente que las niñas de la etapa infantil, a las que poco importa lo que diga la RAE, pregunten a su maestra si deben salir ellas cuando se les da la orden de que «todos los niños salgan al patio», porque ellas todavía no se sienten parte del genérico masculino, porque esta es una construcción social.

En el sistema educativo hay una notable responsabilidad en este sentido. Por ejemplo, es evitable en la documentación sobre educación que se diga algo tan frecuente como esos enunciados compuestos por estos inicios: «los profesores, padres y alumnos…» del mismo modo que es aconsejable emplear otros genéricos que no son masculinos, sino «genéricos genéricos» como: «el profesorado, las familias y el alumnado». Otro ejemplo sencillo es hablar de «sala de profesorado» envez de «sala de profesores», «escuela de familias» en vez de «escuela de padres» y así un largo etcétera por el que no solo hacemos visibles a las mujeres, sino que contribuimos al reconocimiento de que se sepa que estamos ahí, estamos aquí para que «todos», incluidas las niñas lo aprecien y se alegren de ello. La visibilización de la mujer en el lenguaje no es una cuestión de lengua que se resuelva desde los dictámenes de la Real Academia de la Lengua atendiendo a su uso y tradición, sino que se trata de un asunto relativo a la convivencia, de compensación de discriminaciones históricas y de sensibilidad con lo humano, en definitiva, una cuestión con la que el sistema educativo debe estar comprometido, porque es de justicia.

Periódico Magisterio
6 de marzo de 2019

Diferentes, ¿entiendes?

Hace unos días un amigo orientador me contó cómo vivió y sintió la experiencia de aceptación de una orientación sexual distinta de la mayoritaria. Trabajando ambos en el sistema educativo, un tema nos llevó a otro y terminamos hablando sobre la homosexualidad en el sistema educativo y considerando que esta cuestión merece una reflexión, decidí escribir este articulo.

Respondamos a las preguntas básicas: ¿Existe la homosexualidad en el sistema educativo?, sí, seguro que sí, del mismo modo que en el resto de la sociedad, la escuela es sociedad al igual que la Iglesia, las comunidades de vecinos o las compañías de teatro.

Sin embargo, ¿es visible la homosexualidad en nuestro sistema educativo?, no, rotundamente no, es una asignatura pendiente.

En mis veinte años como orientadora he visto mucho sufrimiento en torno a la homosexualidad en los centros. Distintas historias, vistas desde diferentes perspectivas, pero siempre con un denominador común como origen del sufrimiento: la falta de aceptación, porque ser diferente sigue estando penalizado en nuestro sistema educativo del siglo XXI.

Recuerdo el caso de un niño cuya madre quería «varonizar» a la fuerza llevándolo a clases de futbol. Como no obtuvo resultados pensó en algo más drásticamente masculino a sus entendederas y lo apuntó a kárate. Al no conseguir tampoco los resultados deseados y presentarse el niño en la comunión de su hermano vestido de niña y con tacones, la madre se desesperó. No vio que su hijo quería decirle que le dejara en paz, que abandonara el proceso de «varonización» y que simplemente, le quisiera tal cual es. A esta madre no le servía de nada su licenciatura en Psicología, como a casi nadie le sirven los títulos universitarios en su casa.

En otros casos la falta de aceptación le ocurre al propio alumno y aquí he visto aún más sufrimiento. Hace bastantes años, a comienzos de los noventa tuve un alumno que sufría mucho porque sus compañeros se burlaban de él. Recibía el apoyo incondicional de sus padres, quienes comprendían que debían apoyarlo más que a sus otros hijos, justamente porque la sociedad le iba a poner más difícil ser feliz. Este hombre trabajaba como policía y era muy hermoso ver cómo quería a su hijo con todas sus características. Su preocupación era más no poder cambiar la sociedad que empecinarse en «masculinizar» a su hijo. Muchos años después tuve la ocasión de volver a verlo como adulto y me dijo que era muy feliz.

Más recientemente intervine en un caso muy complicado. Un alumno con altas capacidades intelectuales, talento creativo, fracaso escolar y dificultades para la socialización, estaba muy confundido en su orientación sexual. Por todo ello, quizás por sentirse tan diferente en plena adolescencia, optó por el suicidio, afortunadamente sin éxito. Cuando se reincorporó al instituto le conocí. Desde el Departamento de Orientación trabajamos a favor de encontrar la respuesta educativa que necesitaba, de modo que se potenciaran sus fortalezas en cuanto a su creatividad para que ello le hiciera mejorar su autoestima. Encontró un amigo con quien compartir su afición por la informática y la escritura y le vimos mejorar. Recuerdo que a su familia le costaba comprender a este niño tan complicado, pero nunca dejaron de apoyarle y él siempre estuvo seguro de que en su casa le querían. Viví con él uno de los momentos más emotivos de mi carrera el día que, como siempre parco en palabras, se situó en la puerta del Departamento y me dijo: «gracias por lo que has hecho por mí».

Es muy duro sentirse diferente en un mundo en que todos debemos ser iguales o al menos, aparentar serlo. Es necesario hacer visible la homosexualidad en el sistema educativo porque la escuela debe preparar para la vida y en este momento, la escuela está ayudando a preparar a las niñas y niños a «esconder» su sexualidad para poder seguir haciéndolo el resto de su vida y disfrutar de una integración social más hipócrita, pero también más sosegada.

En nuestras escuelas hay niños que conviven con su madre y la pareja femenina de ésta, también hay niños que han sido adoptados por parejas constituidas por dos hombres… y todavía no somos capaces de verlo con naturalidad, cuando lo realmente importante en una familia es el amor. Amor con mayúscula, basado en el respeto y el apoyo a la otra persona, sin entrar en valoraciones ni juicios.

También en nuestro sistema educativo trabajan personas con distintas orientaciones sexuales y modelos de familia. En la mayoría de los casos, estos profesores y profesoras silencian su situación y no hablan con la misma naturalidadde «mi marido» o «mi novia» que los heterosexuales. Es duro silenciar siempre una parte tan importante de tu vida ante los demás por temor a que te rechacen cuando la escuela, junto a la familia, debería ser el primer lugar donde enseñar a las personas a sentirse libres.

Libertad para ser, para sentir sin tener que mirar alrededor qué les parece a los demás, esto es lo que tenemos que «entender».

La diferencia es un valor, un valor del que nos beneficiamos todos, porque todos y todas tenemos peculiaridades, todos tenemos alguna característica que nos diferencia y todos queremos que se nos valore y respete. Si en el sistema educativo enseñamos con nuestro ejemplo a vivir la diferencia como un valor que nos enriquece, ayudaremos a que nuestro alumnado esté mejor preparado para la vida y para ser feliz, de eso se trata ¿entendemos?

Periódico Escuela
8 de noviembre de 2012

La maternidad también forma parte del curriculum vitae

Que la maternidad forme parte del curriculum vitae de las mujeres trabajadoras es una afirmación que todavía no está en el pensamiento colectivo de nuestra España del siglo XXI, desgraciadamente.

Los movimientos feministas que tanto hicieron y siguen haciendo por la igualdad, en sus inicios reivindicaron el trabajo remunerado para las mujeres del mismo modo y condiciones en que se había dado para los hombres. A la inversa, proponían que el trabajo doméstico, tradicionalmente femenino, fuera compartido por ambos sexos, al igual que la corresponsabilidad de los hijos e hijas. De este modo y aunque no estuviera escrito, se generalizó la idea de que existen dos formas de trabajar, especialmente para las mujeres: una pública y otra privada, es decir, una dicotomía entre el trabajo doméstico en el propio hogar y el trabajo remunerado.

Las hijas e hijos de la primera generación de mujeres que tenían trabajo fuera del hogar, escuchaban con frecuencia la pregunta: ¿trabaja tu mamá?, unos decían que sí, si el trabajo era fuera de casa y remunerado, otros respondían con un «no», porque sus mamás trabajaban en casa y eso, ni para estos niños y niñas, ni para nadie en aquel momento era considerado un auténtico trabajo. Las niñas y niños de los años setenta y ochenta, felicitaban a mamá el 8 de marzo si trabajaba fuera. Quienes tenían una mamá ama de casa decían que su madre no trabajaba y en consecuencia no la felicitaban. Esa efeméride se denominaba «Día de la Mujer Trabajadora».

Más adelante, se alzaron voces contra la idea de que trabajar en casa no es trabajar y la fecha pasó a denominarse «Día de la Mujer». En la actualidad todas las niñas y niños felicitan a sus madres y profesoras, incluso se va introduciendo la costumbre de regalar flores ese día.

Sin embargo, entre las mujeres trabajadoras persiste la invisibilidad del trabajo doméstico y especialmente de la maternidad. La maternidad es una faceta que queda exclusivamente en el terreno personal y privado, aunque es la mayor de las prioridades para la mayoría de las personas. Ahora que hemos conseguido que se normalice el trabajo de las mujeres, necesitamos avanzar un paso más. El trabajo de ama de casa y la maternidad han de visibilizarse y por consiguiente ser reconocido y valorado.

Las mujeres que son madres y realizan un trabajo remunerado, aprenden rápidamente a simultanear ambas facetas y es frecuente que repasen unos apuntes con un hijo en brazos, o que interrumpan una lectura para ayudar a su hija a vestir a la muñeca Barbie. Los padres corresponsables también han disfrutado, porque es realmente un disfrute, de la experiencia de compartir el cuidado de los hijos con el estudio. En una ocasión escuché a Humberto Maturana decir que algunos de sus libros fueron escritos con su hijo sentado en sus rodillas.

La opción de tener hijos proporciona un valor añadido en el conjunto de competencias de una persona que dedica a la educación, no solo en la vertiente emocional. Ser madre o padre forma parte del capital humano del profesorado, sin embargo, esta idea no ha aparecido en el discurso público suficientemente. En nuestro currículo vitae se destaca la publicación de un libro o haber ocupado un puesto directivo por ejemplo y nunca se valora la importancia de haber criado a un hijo o una hija. ¿No forma parte también de la formación de un profesional de la educación el conjunto de experiencias que le ha proporcionado su paternidad o maternidad?

Con frecuencia he escuchado a profesores o profesoras reconocer que comprenden mejor al alumnado y a sus familias desde que tuvieron la experiencia reflexionada y vivida con intensidad de ser madres o padres.

También, antes de ser madre o padre, cualquier profesional de la educación recurre a su propia experiencia para comprender la infancia y adolescencia de su alumnado. Estos recuerdos son un bagaje de conocimiento muy rico pues facilita empatizar.

La experiencia de haber sido niño, niña o joven, ayuda a comprender a los niños, niñas y jóvenes, es decir, como todos sabemos, los docentes que tienen a su Peter Pan vivo conectan mejor con el alumnado.

Del mismo modo, los profesionales de la educación que han vivido la experiencia de la maternidad o paternidad han alcanzado un conjunto de competencias muy valiosas para el desempeño educativo. Estas competencias han sido obtenidas mediante la experiencia doméstica, en el ámbito privado, desarrollando el papel de madres y padres.

Ahora que se ha iniciado el proceso de acreditación de competencias profesionales adquiridas a través de la experiencia laboral, ¿por qué no poner en valor la experiencia de ser madre o padre?, ¿acaso no se trata de un conjunto de saberes emanados de la experiencia?

Es necesario visibilizar el trabajo doméstico y el papel de madre o padre, valorarlo y reconocerlos para que se prestigie socialmente. Para quienes trabajamos en el sistema educativo es además una ventaja en nuestra formación, pues aporta conocimientos muy valiosos que benefician a la comunidad educativa para la que prestamos servicios. Por todo ello, propongo que añadamos esta faceta en el curriculum vitae, no como una carga más en la mochila de nuestra vida personal que solo compete a nuestro ámbito doméstico, sino como una de las contribuciones más hermosas que podemos hacer a nuestra comunidad educativa.

Periódico Escuela
14 de junio de 2012

La orientación educativa para la igualdad de género

Desde la orientación educativa es posible contribuir a que algún día sea posible la igualdad de género. Es una afirmación que podemos plantear sin duda, pues la orientación educativa se encarga de los aspectos educativos complementarios a los académicos desde la perspectiva técnica, desde la que se trabaja sin perspectiva de género pues cada caso es único. Sin embargo, simultáneamente, en el plano más educativo en cuanto compete a los valores, la orientación es una de las Ciencias de la Educación que nació precisamente en pro de la justicia social con la que sí trabajamos con perspectiva de género, ¿contradictorio? No, vamos a explicarnos.

La justicia social no consiste en ofrecer un sistema educativo igual para todos, sino en posibilitar que todos los estudiantes tengan las mismas oportunidades de conseguir una vida de bienestar y de hacer realidad sus sueños, en consecuencia, la justicia social no tiene género y cuando hacemos posible que cada uno, que cada una, obtenga del sistema educativo la respuesta educativa que necesita estamos haciendo inclusión que ya es justicia en sí misma. En cambio, cuando se trata de educar con contenidos sí debemos tener presente la perspectiva de género para que ninguno de nuestros mensajes tenga sesgo sexista ni discriminatorio, en esas ocasiones trabajamos por la equidad y concretamente por la igualdad de oportunidades.

Para concretar cómo se materializa este hecho en la orientación educativa, veamos cómo trabajamos por la igualdad de género desde los tres ámbitos de la orientación educativa: la acción tutorial, la orientación vocacional y la atención a la diversidad. Desde la atención a la diversidad la atención es tan personalizada que en cada caso se entiende que el género es una variable más para confeccionar la respuesta educativa. Por ello nos centraremos en los dos ámbitos de la orientación desde los que sí es imprescindible trabajar expresamente por la igualdad de género.

Contribuir a la igualdad desde la acción tutorial

La acción tutorial se encarga de que el alumnado aprenda lo complementario al currículo académico para fomentar su desarrollo integral como persona en todos los ámbitos. En el plan de acción tutorial de un centro que coordina el orientador, se recogen los programas que constituyen aprendizajes clave para la vida y que aparecen transversalmente en los currículos oficiales, uno de ellos es la igualdad de género. Es necesario trabajar la igualdad de género per se para que el alumnado interiorice la perspectiva no sexista en todos los contextos de su día a día. Los programas que ponemos en marcha para conseguir este objetivo son los siguientes:

Visibilización de la mujer: es necesario que el alumnado tome conciencia de la situación de desigualdad que ha vivido la mujer a lo largo de la historia y cómo este hecho ha perjudicado a todos, también a los hombres. Es imprescindible recordar que el sistema educativo es el más eficaz salvavidas para que las niñas afronten sus vidas desde la formación personal y cualificación profesional para conseguir independencia económica y emocional del varón, especialmente en contextos de mayor deprivación sociocultural, donde la ideología machista sigue imperando y reproduciéndose por generaciones.

Adquisición de la perspectiva de género más allá de la concepción binaria: la polarización de la división entre mujeres y hombres para abordar el género deja fuera otras posibilidades que existen y de las que cada vez tenemos más conciencia afortunadamente pues están ganando en visibilidad. La lucha por la igualdad de género va siempre unida a la conquista de los derechos de las personas LGTBI. Las identidades de género y las orientaciones sexuales son más de dos. Hablar de género implica no dejar a ningún género al margen del discurso educativo.

Educación afectivo-sexual: en las relaciones de pareja adolescentes es necesario hacer especial hincapié en la igualdad, pues observamos que aunque se han dado grandes pasos en el camino hacia la igualdad de género, se siguen manteniendo en el pensamiento de los jóvenes algunos mitos del amor romántico que les hacen reproducir roles que les llevan a relaciones de desigualdad y en muchos casos de malestar emocional, no solo a ellas, sino que también a ellos por tener que desempeñar papeles marcados socialmente que resultan realmente incómodos como el de macho rudo y dominante.

Contribuir a la igualdad desde la orientación vocacional y profesional

La orientación vocacional es un proceso que abarca mucho más que la toma de decisiones sobre qué itinerario formativo va a seguir un estudiante. La orientación vocacional consiste en pensar, diseñar y desarrollar un proyecto profesional acorde con los objetivos que una persona se ha trazado para su trayectoria vital, es decir, se trata de su proyecto de vida. Desde esta perspectiva la orientación educativa contribuye a la igualdad de género porque posibilita que cada persona encuentre su camino sin que el género sea un condicionante en la toma de decisiones vocacionales. Desde mi experiencia como orientadora, este objetivo es muy difícil de conseguir e incluso podemos decir que hoy, en pleno siglo XXI, sigue pareciendo una utopía que cada persona se realice en su propia vida con independencia de su género, porque el proceso es extremadamente complicado. Una orientación vocacional que contribuya a la igualdad de género comienza en la etapa infantil y no nos abandona a lo largo de toda la vida laboral. Veamos algunos ejemplos de cómo trabajar la orientación vocacional en cada etapa:

Etapa infantil: desde los juegos de roles profesionales se trabaja la orientación vocacional cuando no limitamos los juegos por condicionantes de género, así como los juguetes. La labor de las familias en esto es primordial, así como el ejemplo de los progenitores en la distribución de las tareas domésticas y en cada día con respecto a cómo viven su identidad de género en la convivencia con los menores. Como dice el profesor Santos Guerra: «el ruido de lo que somos llega con tanta fuerza a nuestros alumnos que les impide oír lo que decimos».

Infancia: de igual modo en esta etapa, el ejemplo de las familias sigue siendo primordial, pero también entran en juego otros referentes, sobre todo los mensajes del propio sistema educativo, como los roles de género en el mundo laboral en los libros de texto y en los contenidos del currículo. Es importante que en este momento evolutivo se supere la tendencia tradicional por la que las niñas tienden más a interesarse por los contenidos sociales y humanidades y los chicos hacia las ciencias y tecnologías, pues si en este momento las chicas se separan del interés por las ciencias y las tecnologías, difícilmente en secundaria conseguirán obtener buenos resultados académicos en estas materias y descartarán estas áreas del conocimiento en sus preferencias vocacionales.

Adolescencia y juventud: es la etapa clave para la toma de decisiones y en este momento es necesario trabajar programas de orientación académica y vocacional sin sesgo de género expresamente diseñados para ello. Son clásicas las conferencias y mesas redondas en que se muestran ejemplos de mujeres y hombres que trabajan en profesiones que tradicionalmente no se han asociado a su género. Sin embargo, es necesario tener prudencia en estas actividades pues los estudiantes encuentran estos referentes tan excepcionales que por eso mismo, no se identifican con ellas y ellos por lo que pierden su eficacia en relación al objetivo perseguido: se presentan como personas que han conseguido metas inalcanzables para la mayoría. El ejemplo de personas que trabajan en ámbitos tradicionalmente vinculados al otro género debe hacerse llegar al alumnado desde la cotidianeidad y partiendo del proyecto de vida de cada persona. Dicho de otro modo, es necesario trabajar la orientación vocacional teniendo como referencia el proyecto de vida de cada persona y en relación al desarrollo del mismo, el proyecto vocacional, sin que exista discriminación por género y especialmente autolimitaciones por ello.

En definitiva, el género es una cualidad más de las personas que nunca debe constituir una limitación, sino que por el contrario contribuye al enriquecimiento personal, esa es la perspectiva que no debemos perder en educación y en orientación. Más que trabajar por la igualdad de género debemos no perder de vista que se trata de luchar porque la educación contribuya a la igualdad de oportunidades para todas las personas sin sesgos, tampoco por razón de género.

Revista Electrónica Educaweb
de abril de 2019

EL CORAZÓN QUE ACOGE: DIVERSIDAD EINCLUSIÓN

La inclusión: el gran reto de la orientación educativa

Hablamos de inclusión como el paso adelante que se ha dado en relación a la atención a la diversidad, algo así como la superación del concepto de integración escolar por un sentido más amplio y definitivo donde caben todos y todas. El concepto de inclusión abarca el mundo mucho más allá del sistema educativo y admite sin juicio previo a todas las personas, pues justamente la diversidad es el gran valor de cada persona para con-vivir/vivir-con y enriquecernos mutuamente y a largo plazo, conseguir un mundo más justo.

Desde los inicios de la orientación educativa, ésta se ha situado siempre al lado de las personas y colectivos más vulnerables, de hecho, la orientación tuvo sus inicios en el siglo XX con la industrialización por la necesidad de que los jóvenes tuvieran una inserción laboral más satisfactoria, dada la multiplicación de posibilidades que ofrecían los nuevos nichos de empleo.

La orientación, en el sistema educativo, se incorporó también para ayudar a las personas en su inserción profesional, entendiendo este acompañamiento como el que ha de iniciarse en las etapas más tempranas para facilitar que las personas reciban la adecuada respuesta educativa que precisan en cada momento.

Ambas situaciones: colaborar a que los jóvenes tengan una inserción profesional satisfactoria y que las niñas y niños reciban la atención educativa que precisan para desarrollar al máximo sus potencialidades, sitúan a la orientación educativa como una de las disciplinas más vinculadas a la realización práctica de la conquista de los derechos de las personas.

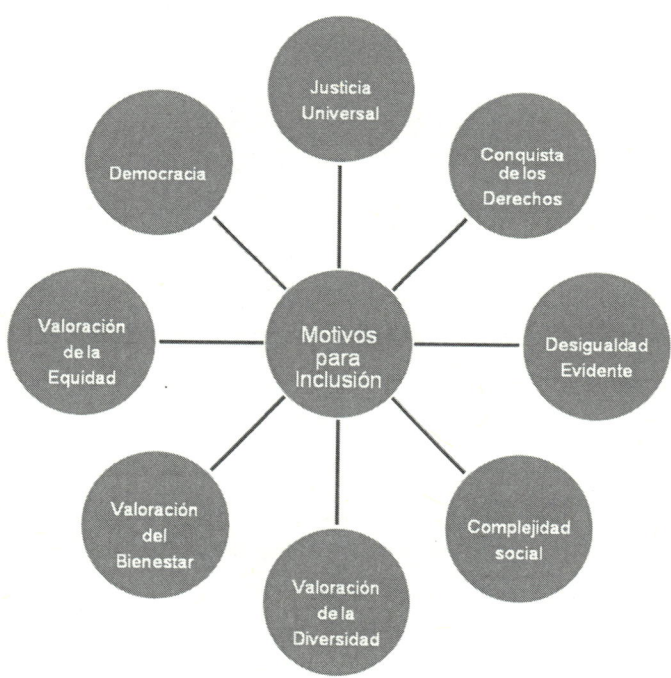

No en vano, podemos decir que el siglo XX es el siglo de la conquista de los derechos de las personas. En el siglo XX se conquistaron los derechos de las personas en todos los colectivos más vulnerables: la infancia, los trabajadores, las mujeres, los ancianos, las personas con discapacidad... No es casualidad que el siglo XX sea también el momento histórico en que nace y se desarrolla la orientación educativa. El mundo se hace más complejo, se reconocen los derechos de las personas y se generan recursos para ser atendidas. Por ello, en un principio se habló de integración, pero una vez conseguida ésta, se necesita dar un paso adelante en la validación de los derechos de las personas, de todas las personas. Por eso ahora hablamos de inclusión, porque no se trata únicamente de que las personas con dificultades reciban la respuesta educativa que necesitan, sino de que todas, cualquiera que sea su dificultad, o incluso sin ella, se encuentren incluidas en el mundo.

La inclusión es una idea que nace de la justicia universal por la que todos somos iguales en derechos y oportunidades. A la vez, somos diferentes y ha de valorarse la diferencia como uno de los grandes valores que ayudan a enriquecer a las personas y a todo su contexto. Reconocer que somos iguales en derechos a la vez que diferentes, obliga a la que se valore la diversidad y se haga necesario dar una respuesta a la misma, lo que supera el concepto de igualdad y nos lleva a la imprescindible equidad. Todos estos procesos, aquí expuestos de forma superficial, son producto de la complejización de una sociedad que reconoce los derechos de las personas porque es profundamente democrática, de ahí que surjan nuevas necesidades sociales que precisen de nuevos profesionales que puedan dar respuesta a esta compleja sociedad.

Asimismo, en el diagrama se recoge un apartado que dice «desigualdad evidente», lo que hace referencia a que esta sociedad compleja pone de manifiesto cada vez con más claridad la diferencia existente entre las personas, diferencias sobre todo que tienen su origen en el nivel socioeconómico, especialmente si comparamos la situación de las personas en la globalidad del planeta. La sensibilización de esta situación con la que seguimos conviviendo en el siglo XXI también forma parte de los valores de una sociedad inclusiva, porque la inclusión también implica solidaridad y compromiso.

En consecuencia de ello, si conseguir que todas las personas se sientan incluidas en el mundo es el objetivo de todos los procesos que conllevan la inclusión, por consiguiente, también lo es de la orientación educativa.

La orientación educativa llegó a los centros educativos para contribuir a que se desarrollara la inclusión en las escuelas. El primero de los grandes impulsos que la administración educativa dio a la inclusión valiéndose de los orientadores y orientadoras fue la integración del alumnado con necesidades educativas especiales. Esta fue la misión principal de la primera generación de profesionales de la orientación: la generación de la iniciación (Cobos, 2010), la compuesta por los pioneros y pioneras, los primeros orientadores. Éstos contribuyeron a la democratización del sistema educativo con la introducción de los derechos de las personas con peores condiciones de partida, sobre todo por razón de discapacidad. Podría debatirse mucho si la integración realmente se ha logrado o no en los centros educativos y en la sociedad en su conjunto, sin embargo lo que importa en este momento es que gracias a estos movimientos sí se crearon las bases para que se reconociera el derecho del alumnado con diversidad funcional a disfrutar de los mismos derechos escolares que el resto de sus compañeros y compañeras. Hasta tal punto se ha logrado este objetivo que en la actualidad, afortunadamente ya no es políticamente correcto decir abiertamente que el alumnado con discapacidad debe estar fuera de contextos escolares normalizados.

En esta misma línea de avance hacia la inclusión, con la modernización de España se aprobó en 1990 una ley de educación de fabricación netamente democrática: la LOGSE. De este modo, la siguiente generación de profesionales de la orientación llegó a los institutos en los años noventa y fue uno de los recursos de los que la administración educativa se valió para que, especialmente en la etapa secundaria, se facilitara la extensión de la obligatoriedad de la educación hasta los 16 años, esto es, se pusiera en marcha el derecho a la educación de todas y todos, con lo que ello supone: medidas de atención a la diversidad, contenidos transversales, tutorías lectivas, alumnado escolarizado contra su voluntad, disrupción… Si los primeros profesionales de la orientación tuvieron que hacerse con voz en los claustros de primaria, a los segundos les tocó ganarse su sitio en los centros de secundaria.

Sin embargo, en la actualidad de 2017 el reto de la inclusión sigue pendiente, aunque ya nadie se plantea el motivo de que haya orientadores en los centros educativos y, es más, desde muchos foros y tanto de parte de familias, profesorado como del propio alumnado, se plantea la necesidad de que aumente el número de profesionales para que baje la ratio de estudiantes por profesional y se cumpla la recomendación de varios organismos internacionales, entre ellos la UNESCO, de que haya un profesional por cada 250 alumnos/as.

Ahora y en el futuro más inmediato, la misión principal de los profesionales de la orientación es la inclusión, entendida ésta como la respuesta de mayor calidad que el sistema educativo pueda ofrecer a una persona para conseguir desarrollar su mejor potencial. La orientación educativa debe contribuir a que cada persona, como si de una pieza de un puzle se tratara, encaje a la perfección entre sus fichas más cercanas (su entorno) y en general en el puzle en su conjunto (la sociedad). Conseguir la perfección de este encaje desencadenará el bienestar para la persona en sí y en todo su entorno, tanto inmediato como lejano, pues también funciona como un sistema de interrelaciones.

No proponemos un reto fácil, tampoco los anteriores lo fueron. Sin embargo, este último parece más ambicioso por lo ambiguo de su concreción. Por ello, trataré de poner algunos ejemplos concretos de cómo hacemos inclusión desde la orientación en los centros educativos:

- Trabajando la convivencia: cuando trabajamos por la visibilidad, respeto y valoración de la diferencia. Poniendo en marcha programas de, entre otros:
  1. Educación contra el racismo y la xenofobia
  2. Educación para la igualdad entre sexos
  3. Educación contra la homofobia
  4. Educación para la diversidad
- Enseñando la no-violencia: contribuyendo a hacer vivir al alumnado la experiencia de resolver conflictos de forma pacífica, así como rechazando las manifestaciones violentas que se produzcan en su entorno más inmediato, por ejemplo: desmitificando la mala prensa del chivato en los casos de acoso escolar y/o ante situaciones de violencia de género. Es necesario que el alumnado comprenda que lo que es una cobardía es mirar hacia otro

lado y que es un acto de justicia denunciar una situación que provoca malestar en un tercero, máxime si ésta es generada por violentos intencionalmente.

- Trabajando por la salud: si queremos estar incluidos es porque ese contexto en que queremos la inclusión ofrece oportunidades de bienestar y el bienestar solo es posible en contextos saludables, tanto en lo físico, psíquico como social. Por eso, con una perspectiva inclusiva, en toda la comunidad educativa se tiene la suficiente información como para detectar las dificultades que una persona esté teniendo en el ámbito de la salud y que le impiden un desarrollo saludable de su vivencia en el centro, por ejemplo: trastornos de alimentación, síntomas de depresión o de trastornos psíquico y/o sociales. No olvidemos que, según la Organización Mundial de la Salud, la salud no es solo la ausencia de enfermedad, sino el estado de bienestar.

- Haciendo orientación profesional: uno de los mayores protectores tanto sociales como para cualquier ámbito para una persona es su empleo. Cuando las personas consiguen trabajar en aquello que les gusta, no trabajan ni un solo día, como dijo Confucio. La orientación es una pieza clave en todo este proceso pues trata de acompañar a cada persona en su toma de decisiones profesionales, proporcionando información y ayudando en el proceso de autoconocimiento, también para generar el mayor bienestar posible y que cada persona, su entorno y la sociedad se beneficie de la mejor toma de decisiones, tal como ilustramos con el ejemplo del puzle.

- Incluyendo a la Escuela incluida, valga la redundancia. La inclusión no solo consiste en que las personas estén y se sientan incluidas en su centro educativo, sino también en su sociedad. Eso no se consigue con centros educativos que viven al margen del mundo, sino con centros que se sienten incluidos en su contexto y que conviven con su entorno como verdaderas comunidades de aprendizaje. Los centros incluidos son aquellas escuelas que intercambian experiencias con los comercios y las empresas de su entorno, con las asociaciones de vecinos, con las entidades culturales…, porque saben que tienen mucho que aportarse unos de otros y que los niños y jóvenes son el alumnado en los centros educativos y a la vez son los ciudadanos en su entorno social y cultural.
- Con la adecuada respuesta educativa que atiende a la diversidad de cómo se aprende, lo que consiste en proporcionar las medidas de atención a la diversidad que más ayuden a cada niña, niño o joven a progresar en su desarrollo escolar y le lleven al máximo en su potencial para el aprendizaje y desarrollo.

Todas estas tareas que contribuyen a la inclusión son muy complejas, tanto cómo lo es nuestro mundo del siglo XXI. Quienes llevamos décadas en educación y en orientación podemos constatar cómo se ha ido complejizando nuestro trabajo. Trabajar en un centro escolar es cada día más difícil porque las necesidades son cada vez más en cantidad, envergadura y complejidad.

Por mi experiencia personal puedo decir que en 2017 realizo un porcentaje exponencialmente bastante mayor al de 1997 en cuanto a tareas de alta especialización y compromiso profesional como: informes de derivación a salud mental, informes requeridos por los servicios sociales o por el juzgado, coordinación con profesionales responsables de las medidas judiciales de menores infractores, coordinación con profesionales que llevan el seguimiento de menores en acogimiento familiar y/o protección de menores, derivaciones a los servicios sociales ante sospechas de maltrato infantil… Son innumerables las complejas tareas a las que tenemos que hacer frente los profesionales de la orientación si queremos que cada alumna y alumno reciba del sistema educativo la respuesta que más se ajuste a sus necesidades para hacer realidad una verdadera inclusión de las personas.

Para ello se necesitan medios y dos son imprescindibles: que baje la ratio de alumnado por profesional de la orientación y que tanto éstos como el resto de profesionales de la educación tengan una mejor y mayor formación en el ámbito de la Psicopedagogía, tanto para prevenir e identificar las dificultades como para poder proporcionar la respuesta educativa que el alumnado necesita, aquélla a la que toda la comunidad educativa debe colaborar. Porque si la atención a la diversidad y la inclusión educativa no es asunto de toda la comunidad educativa, nunca será una verdadera inclusión. La inclusión es el reto de todos, es el reto del futuro de nuestra sociedad, de un futuro que ya está aquí.

Educar y orientar, la revista de COPOE
mayo 2017

Madres y padres coraje

«Madres y padres coraje», son las palabras que se me han venido al pensamiento cada vez que he tratado con las familias de alumnado gravemente afectado por alguna discapacidad.

El comienzo de cada vida es similar al inicio de una partida de cartas. Desde la fecundación, tras barajar los naipes y con ellos la suerte, cada persona recibe unas cartas y con ellas ha de jugar la partida de su vida. Esto no significa que el destino esté predeterminado, pues cada partida ofrece oportunidades, pero si que el futuro está muy condicionado por las situaciones de partida de cada persona, es decir, por las cartas que nos tocaron en el momento del nacimiento.

Quienes trabajamos en educación somos testigos de primera fila de este hecho. Con poco margen de error, casi todas las maestras de educación infantil pueden aventurarse a trazar la trayectoria académica de cada uno de sus alumnos y alumnas desde el primer día de clase. Aunque resulte duro, a los tres años una persona ya tiene afianzados unos pilares muy sólidos de lo que será la construcción de su vida.

Cada diez de septiembre, la maestra de educación infantil ve pasar por el umbral de la puerta de su clase a alumnado cuyas familias se muestran colaboradoras y otras que desde el primer día manifiestan que no participarán con la cordialidad necesaria. Ven a personas de origen social desfavorecido y a otros que, en lo socioeconómico, han recibido buenas cartas…

No obstante, las peores cartas en el reparto inicial de la baraja son las que se asocian a la discapacidad, porque vivir la discapacidad es uno de los retos más duros a los que puede enfrentarse una persona y su entorno.

No debemos olvidar que la discapacidad está ahí, muy cerca de todos, que puede ser la primera carta disponible para robar del montón y que solo depende de la suerte que en ese momento te «toque», como bien saben muchos de quienes han sobrevivido a un accidente. También es cierto que, con la edad, las posibilidades de convivir con la discapacidad van aumentando, es proporcional a cumplir años, es decir, el envejecimiento va asociado a la discapacidad, es el precio a pagar por seguir viviendo en el planeta Tierra.

Cambiar poco a poco la calidad de vida por la mayor duración de ésta significa que las cartas son peores en cada mano, pero no te importa, porque sigues jugando. Sin embargo, cuando la discapacidad «toca» en el primer reparto de naipes, el juego de la vida es distinto porque ya no se trata de «jugar», sino de «luchar muy duro» contra casi todo.

Las madres de niños y niñas con discapacidad no lloran porque no les quedan lágrimas, son mujeres curtidas en la lucha y en su semblante se aprecia el cansancio de tantas batallas y a la vez, la fuerza para seguir adelante sin dejarse abatir por el desaliento. Yo las he visto.

Se trata de una lucha sin tregua, con el nacimiento de una niña o un niño con discapacidad comienzan las batallas: las primeras sospechas, las comparaciones con quienes tienen la misma edad, los primeros diagnósticos, las búsquedas en Internet, las visitas a mil y un especialistas, las recomendaciones de «entendidos», el deseo de encontrar remedios y el silencioso y continuo resonar del ¿por qué a mí? en el pensamiento.

Con la batalla de la escolarización, la lucha se hace aún más encarnizada: que el centro cuente con los recursos que se necesitan, transportes, ascensores, barreras, cuidadores, terapias, rehabilitaciones... Cada pequeño logro, como conseguir que se adapte un servicio, supone un extraordinario desgaste para las familias.

El desgaste es devastador. A muchas familias les cuesta la salud tanto física como mental, la relación de pareja se ve resentida y en muchas ocasiones acaba en separación. Ser madre o padre conlleva una enorme responsabilidad, pero, además, si el hijo o hija presenta una discapacidad, se suma la dependencia.

¿Cómo vivir con el convencimiento de que uno no puede morir? Porque si muero, ¿quién lo cuidará?

Lucha en la adolescencia al vivir la diferencia. No hay romances, no hay invitaciones a cumpleaños... Más lucha a la hora de conseguir la titulación, pues hay una parte importante del profesorado que considera que una persona cuyo currículo se adapta no debe titular..., seguramente porque no entienden el graduado como un derecho de todos los ciudadanos y ciudadanas. Sin embargo, en esta batalla las familias no están solas, porque conseguir que el profesorado de esta mentalidad asuma que trabaja para hacer posible la inclusión educativa y que hacer posible la equidad en el sistema educativo no es un planteamiento ideológico, sino que es una tarea que está comprendida en el salario, es una batalla de todo profesional de la educación. La educación inclusiva ofrece la respuesta educativa que cada alumna y alumno necesita para desarrollar su potencial al máximo, sea cual sea su nivel de partida. La atención a la diversidad no es un trabajo extra para el sistema educativo, sino una función básica para hacer realidad la equidad y la justicia en nuestra sociedad.

Derecho a la educación básica, a la cualificación profesional y por consiguiente a la inserción laboral, la última fase en la lucha de las madres y padres de las personas con discapacidad.

Lucha, lucha y más lucha, por eso, cuando han salido del Departamento de Orientación, los he llamado padres coraje y madres coraje. Quiero expresarles mi apoyo, reconocimiento y admiración, porque son incansables y están ahí. Yo los he visto.

Periódico Escuela
24 de enero de 2013

Derechos educativos especiales

Los pasados 20 y 21 de abril de 2012, tuve la ocasión y la suerte de participar en las jornadas «La educación pública, nuestro compromiso». Fueron organizadas por el Grupo Parlamentario y Área Federal de Izquierda Unida y se celebraron en el Congreso de los Diputados de Madrid. Lógicamente, con la actual coyuntura política y económica, el contenido de las jornadas se vio muy marcado por la crisis y los recortes, pero salvando lo coyuntural, por el calado intelectual del debate político-educativo, fue un rayo de luz tras el frío invierno.

Tuve la sensación de encontrar algunas luces, tan necesarias en estos tiempos en que el mundo de la intelectualidad se muestra tristemente azul oscuro, además de compartir la emoción por el descubrimiento de un nuevo concepto: «los derechos educativos especiales».

Como Viki, el vikingo, cuando tenía una nueva idea, sentí la luz de la bombilla sobre mi cabeza, al escuchar este concepto a la compañera Pepa Alcrudo Subirón de la Plataforma 0-6 de Madrid, una organización que trabaja para y por la Educación Infantil. Ella, en su exposición, antes de utilizar el concepto de «necesidades educativas especiales», en una oración subordinada, sin darle mayor importancia, prefirió emplear otro: «derechos educativos especiales». Al terminar el debate, salí tras la compañera para expresarle mi gratitud por su idea, así como su permiso para escribir este artículo, pues la idea bien merece una reflexión.

Confieso que el concepto «necesidades educativas especiales» nunca me gustó. Pone el acento en el déficit, parece que alguien tiene una carencia que le lleva a la «necesidad» de que ésta sea cubierta. La piedra está en el tejado del alumno o alumna, pues se pone de manifiesto que él o ella tiene una necesidad, sin que nada ni nadie más se vea afectado en su entorno escolar. Más allá del reconocimiento de la necesidad, el concepto no recoge ningún compromiso de abordarla.

Calificar estas necesidades educativas de «especiales», aproxima peligrosamente el concepto a una filosofía segregadora, pues entiende que las necesidades que presenta esa persona no son las mismas que las de la mayoría de la población. De este modo, hay quienes creen que estas «necesidades especiales» requieren unas medidas educativas «especiales», al margen de la mayoría e incluso fuera de la vista de la dinámica cotidiana del centro. También sirven para que una parte del profesorado e incluso algunos centros se escuden en que no saben cómo tratar la educación «especial» y no atiendan a este alumnado. Así, «por su bien» (cuántas veces hemos oído esta frase, desgraciadamente), prefieren dejar esta tarea en manos de especialistas, que «sí saben» cómo hacerlo en sus aulas de integración. Sin embargo, estas aulas son justamente lo contrario, auténticas aulas de desintegración, pues tienen otra organización, otro profesorado, otro currículo, otro horario, otras tareas…

«Necesidades educativas especiales» es un concepto que se contradice con otro por el que se apostó mucho en la normativa de los años noventa: el «continuo de atención a la diversidad», personalmente lo prefiero. Desde esta perspectiva, se entiende que cualquier alumna o alumno puede presentar una circunstancia, que precise de unas actuaciones específicas que no forman parte de la atención educativa ordinaria. Esta circunstancia, que no «necesidad», puede ser momentánea o bien permanente y abarca a todo el alumnado. En la práctica educativa sabemos que un alumno requiere una atención educativa especial ante una situación de divorcio o fallecimiento en la familia o la reciente llegada a España desde un país lejano. Dentro del continuo, son las necesidades educativas especiales momentáneas o coyunturales. Las asociadas a la discapacidad, por ejemplo, serían las permanentes y se situarían en la zona más extrema del continuo a medida que la afectación es mayor y más dificulta la autonomía personal.

Entender la atención a la diversidad como un continuo, aleja del modelo de déficit a la vez que acerca a un planteamiento más justo y democrático por el que todo el alumnado tiene derecho a recibir la atención educativa que precisa.

El concepto de «derechos educativos especiales» supone un cambio sustancial respecto al de necesidades. En primer lugar, parte de recordar algo que siempre deberíamos tener presente: todos los niños y niñas tienen derecho a la educación. En segundo lugar, si los derechos educativos se califican de «especiales», se asume la idea de que hay personas con situaciones de partida muy desfavorables, niñas y niños a los que, en el reparto de la baraja, al principio de la partida de la vida, les han «tocado» malas cartas. Toda la sociedad tiene el compromiso de colaborar a que la partida acabe bien y cada persona, también si presenta una discapacidad, desarrolle al máximo su potencial y el juego, la partida de su vida, culmine lo mejor posible.

Debemos anteponer el derecho a la necesidad. En una sociedad democrática del siglo XXI el reconocimiento del derecho de las personas con discapacidad a ser atendidas de forma óptima por el sistema educativo no es cuestionable. La idea de integración educativa hizo una aportación histórica al sistema educativo en los ochenta al escolarizar a las personas con discapacidad en los centros ordinarios. Sin embargo, en el siglo XXI, la integración se nos queda corta. Para abordar el reto de que la justicia impregne todo el sistema educativo, en el seno de cada comunidad educativa debe calar con profundidad el concepto de inclusión educativa, por el que todos tienen derecho a la atención a la diversidad y algunos tienen «derechos educativos especiales».

Periódico Escuela
17 de mayo de 2012

Me duelen los asteriscos

En un sistema educativo inclusivo, la atención a la diversidad afectaría a todo el alumnado, pues el principio fundamental de la inclusión es que todo el alumnado presenta diferencias que deben ser atendidas. Asimismo, por igual principio, la inclusión contempla que no existe un alumno o alumna prototipo, sino que cada grupo se compone de tantas singularidades como personas lo forman.

Sin embargo, en los centros educativos, el término «atención a la diversidad» se vincula casi exclusivamente con las necesidades específicas de apoyo educativo en el mejor de los casos, y desgraciadamente, la mayoría de las veces, solo con las necesidades educativas especiales, es decir, con la discapacidad.

En la práctica, una de las medidas más empleadas para la atención a la diversidad son las adaptaciones curriculares. Las adaptaciones curriculares son aquellas programaciones individualizadas que el profesorado especialista realiza para el alumnado que presenta alguna discapacidad. Estas adaptaciones curriculares tienen como referencia las competencias básicas que cada alumno o alumna debe conseguir en cada etapa educativa, a partir de las que el profesorado de Pedagogía Terapéutica elabora un «currículo a medida» para que pueda desarrollarlas al máximo nivel que le permita su potencial. De este modo, es imprescindible conocer el punto de partida de cada alumna o alumno para trazar el camino a seguir, así como las estrategias que facilitarán que se llegue lo más lejos posible.

Para desarrollar estas adaptaciones el profesorado de cada área se coordina con los profesionales de atención a la diversidad, especialmente con los especialistas en Pedagogía Terapéutica, Audición y Lenguaje; y en Orientación Educativa. También es competencia de todos ellos y ellas, la evaluación de las adaptaciones curriculares.

Como vemos, este alumnado tiene una programación «aparte», un profesorado «aparte» y un aula «aparte». Con este tratamiento de la discapacidad lo más que conseguimos es hacer posible la «integración» del alumnado, quedando la inclusión educativa todavía muy lejos.

También, el alumno o alumna que sigue una adaptación curricular es evaluado «aparte», pues se hace con respecto a los objetivos de su propia adaptación, sin embargo, su calificación sí aparece en el mismo acta de calificaciones del grupo del que forma parte. Dicha calificación está en el mismo documento, en el acta de calificaciones del grupo ordinario, de igual manera que para cualquier alumno o alumna, pero con una nueva distinción que vuelve a poner de manifiesto que esta alumna o alumno está «aparte», ya que, cuando la materia ha sido objeto de adaptación curricular, junto a la calificación se coloca un asterisco que indica que esa calificación se ha obtenido gracias a una adaptación curricular individualizada y significativa.

Perdone quien lea este artículo mi probable exceso de sensibilidad, pero me desagrada ver estos símbolos en las actas de evaluación, francamente, confieso que me duelen los asteriscos.

Interpreto en estos asteriscos una forma de explicitar que la calificación obtenida ha sido con ayuda y que debe decirse públicamente para que nadie crea que el juego no ha sido limpio, algo similar al *«juro decir la verdad, solo la verdad y nada más que la verdad»*.

Una interpelación parecida al juez sería que alguien le dijera que Pedrito ha sido capaz de ver la pizarra entera, pero que ¡ojo! (valga la redundancia) ha sido porque llevaba las gafas puestas.

¡Qué honestidad la un sistema educativo que recuerda que el aprobado en Educación Física de una niña con discapacidad motórica ha sido con ayuda, porque se le han eliminado los objetivos que implicaban correr y saltar! No comprendo por qué hay que recordarles esta cuestión en cada boletín de calificaciones a sus padres, ellos que cada día sufren lo que supone ir al instituto en silla de ruedas. ¿Por qué hay que dejar constancia por escrito de este hecho?,

¿es para salvaguardar la honestidad del sistema educativo o la del profesorado, que no regala nada? ¿es quizás una forma de hacer justicia con quienes no presentan discapacidad?, ¿acaso a éstos últimos no se les ayuda también? ¿no es la principal función del sistema educativo ayudar a que todo el alumnado consiga los objetivos?

En muchas ocasiones, muchas más de las deseables, en el sistema educativo perdemos la perspectiva de lo que nuestras actuaciones significan para el alumnado y sus familias y aún más, de las repercusiones que éstas tendrán en la vida de estos niños y niñas cuando sean personas adultas.

Hay quienes se olvidan de que un alumno o alumna que presenta una discapacidad tiene asociado de por vida un asterisco gigante que le acompañará siempre. El sistema educativo no debería subrayar aún más la diferencia y menos aún las dificultades de las personas, porque hacerlo es caminar en sentido contrario al de la escuela inclusiva, aquella en la que todas las personas caben, sin discriminación alguna, donde se reconoce la diferencia como un valor y no para ser señalada como si hubiera que explicitar alguna situación de privilegio, ¡qué ironía!

Periódico Escuela
21 de marzo de 2013

Todos por igual

Recientemente, en la Semana Santa andaluza, hemos podido escuchar junto a los pasos o tronos en Málaga, la voz de uno de los responsables de la cofradía animando al grito de «Todos por igual». Efectivamente, esta expresión anima a continuar en el sacrificio de cargar con los miles de kilos del trono o paso, porque quien está bajo los varales soportando el peso, comprende que su esfuerzo es compartido y que además el sufrimiento se reparte entre todos «por igual» y que nadie se aprovecha de su trabajo, porque es una labor compartida a partes iguales, de equipo que se gestiona con justicia.

Partiendo del mismo concepto, tradicionalmente se ha entendido en nuestro sistema educativo que la justicia significa también que es necesario que todos y todas sean tratados por igual, que hay que repartir café para todos, cuando precisamente ahí radica una de las causas de los problemas que presenta nuestro sistema. Argumentaremos esta idea basándonos en la respuesta a las preguntas que determinan los elementos del currículo, es decir: qué, cómo, cuándo aprender y evaluar.

¿Qué aprender? Cuando nos empeñamos en que todas y todos aprendan lo mismo estamos facilitando el camino solo para quienes están interesados para esos contenidos de aprendizaje, porque al mismo tiempo se están poniendo obstáculos para quienes tienen otros intereses que no se recogen en el currículo prescrito para ese nivel educativo. Estos niños y niñas pueden tener inquietudes e incluso talentos que, al no potenciarse puedan cuedar latentes para toda la vida de estas personas, por ejemplo, todos los talentos que tienen relación con la creatividad y que se distancian de los encorsetados currículos actuales, todavía procedentes de trivium y quadrivium. Gracias a estos contenidos preestablecidos tan rígidos estamos perdiendo la oportunidad de trabajar partiendo de los focos de intereses del alumnado, de sus preguntas; estamos desperdiciando la motivación natural de todos los seres humanos por aprender para satisfacer su curiosidad. De este modo, a saber, cuántas personas dotadas con talentos excepcionales se han desperdiciado al no haber contado con la oportunidad de desarrollarse en el sistema educativo, el lugar donde deberían haberse reconocido y potenciado.

¿Cuándo aprender? Los currículos oficiales determinan en qué momento debe aprenderse cada contenido. Sin embargo, la realidad de la práctica cotidiana junto a alumnas y alumnos, demuestra que el desarrollo de cada persona obedece a ritmos muy distintos. Por ejemplo, hay niños y niñas que están «pidiendo» aprender a leer a los tres o cuatro años, mientras que otros necesitan cumplir los seis para contar con el afianzamiento de las competencias previas que permitan que el proceso de aprendizaje de la lectoescritura se realice con éxito. Tan injusto es dejar de enseñar a leer a quien tiene esta curiosidad por satisfacer a los tres años que empecinarse en hacerlo con el niño más inmaduro a los seis. Ambas situaciones pueden tener consecuencias muy graves para el desarrollo escolar posterior de los niños y niñas.

¿Cómo aprender? Una metodología uniforme para todo el alumnado ha demostrado en numerosas ocasiones no ser efectiva para la consecución de resultados deseables. En 1990, la LOGSE hablaba del enfoque plurimetodológico para abordar el reto del aprendizaje del alumnado. No todos los niños y niñas aprenden del mismo modo, ni con los mismos estilos de aprendizaje, por ello, huelga decir que precisan de distintas metodologías, un modelo de enseñanza que exige del profesorado grandes dosis de creatividad y actualización en Didáctica, no en vano podemos decir que, has el momento, la LOGSE ha sido la ley de educación con mayor fundamentación científica de la historia.

¿Evaluar lo mismo y del mismo modo? Pedir a todos los mismos resultados académicos es injusto por definición si no se tiene en cuenta la situación inicial del proceso de aprendizaje en cada caso. El origen socioeconómico, la implicación de la familia en el proceso educativo, así como las variables relativas a lo cognitivo, son condicionantes que determinan todo el proceso y que no pueden quedar al margen de la evaluación, especialmente si se trata de una evaluación sumativa o final. ¿Cuándo comprenderemos que la evaluación forma parte del proceso educativo y que su función no es medir para calificar, sino medir para rectificar y mejorar?

Cuando en aras de la justicia queremos dar a todos lo mismo estamos cometiendo una terrible injusticia puesto que dejamos de lado las diferencias entre las personas, lo que sin duda perjudica a casi todos, pues prácticamente nadie se corresponde con ese alumno medio que está siempre presente en la imaginación del profesorado y prácticamente nunca sentado en los pupitres que tiene enfrente.

Justicia significa dar a cada persona aquello que le pertenece y/o corresponde. Por ello, para hacer justicia en el sistema educativo deberíamos comenzar por analizar qué es lo que cada alumno o alumna necesita para establecer la correspondiente respuesta educativa y ponerla en marcha, para dar a cada persona, a todos por igual, lo que le pertenece, nada más y nada menos que el derecho a la educación.

Periódico Escuela
25 de abril de 2013

Entre vertederos

Tomé el autobús de la línea 23 en la ciudad de Málaga para regresar del cementerio este verano. Llevaba un buen libro sobre música que me acompañó en mi espera del autobús, sin embargo, en cuanto subí al autobús y este inició la marcha, mi atención quedó atrapada por toda la información que el recorrido ofrecía.

El trayecto de esta línea pasa por una zona o barriada llamada Los Asperones, un conjunto de chabolas y casas prefabricadas (me duele decir la palabra «casa» en este contexto), más bien viviendas que personas han tenido que ir resolviendo para poder vivir en alguna parte, con todo lo que ello supone. Trozos de uralita, tinglados formados con colchas, coches destrozados que parecen emplearse como dormitorio, pintadas, grafitis, materiales de construcción muy precarios, materiales de desecho, basura, juguetes rotos…, juguetes rotos.

Miré atentamente buscando la escuela, pues la visité en la etapa en que trabajé en la administración educativa y quería situarla en el barrio, ahora que tenía la posibilidad de verlo en su conjunto desde el autobús, pero no la encontré. Recuerdo aquellas visitas a la escuela, acompañando a cargos políticos, quienes eran recibidos por la directora y años después por el director con amabilidad y cariño. Me recuerdo tomando café con leche en el comedor del colegio en vaso de Duralex, en torno a una mesa cubierta por un hule con flores. Visitas oficiales donde la persona que ocupa el puesto político debe cumplir varios objetivos: primero el que debería ser el primero: ver una realidad y tomar conciencia de que existe. Segundo, pero prioritario para el político: hacerse fotos y publicitar que estas realidades están en su agenda para que la ciudadanía sepa que los barrios desfavorecidos le interesan. Y tercero y el más importante: escuchar a quienes trabajan en ese contexto, conocer sus necesidades y concretar qué recursos van a aportar para que todo mejore un poquito.

Ciertamente, así se hacía: se escuchaba y se asumían compromisos y puedo corroborar que yo como técnica me he encargado de hacer las correspondientes gestiones para que esos recursos llegaran. Sin embargo, la vista del barrio desde el autobús aquella mañana, me aportó una nueva perspectiva del barrio, porque el recuerdo que tenía de la escuela era del centro educativo en sí, un buen centro, muy bonito, acogedor, entrañable y dirigido por extraordinarios profesionales tan comprometidos que prefieren trabajar en ese colegio a incorporarse a su centro de destino, más cercano a su casa y con mucha menos dificultad.

Desde esta nueva perspectiva que me ofrecía el autobús no se veía la escuela y recordé cómo llegué hasta allí en mi visita oficial: en coche y de puerta a puerta, para conocer la escuela, únicamente la escuela, como una isla de orden, paz y limpieza, isla dentro de un océano de caos, miseria y suciedad. Al político se le lleva rodeado de personas que le cuentan su realidad y sus necesidades y le piden recursos, se le transporta de puerta a puerta, pero no ve el conjunto.

Observando el barrio desde el autobús, vi además que el barrio está situado entre vertederos de basura, desguaces de coches y descampados. Busqué, pero no encontré la escuela y me llamó la atención un correpasillos que había en un habitáculo que parecía utilizarse de cochera, en ese barrio viven niños, recordé.

Los mismos niños que cada día van al colegio, a esa isla de paz en medio del caos, vuelven al caos al final del horario escolar. En la escuela es donde desayunan y almuerzan, un orden en la comida, el único orden, orden dentro del caos... Recuerdo que la directora dijo que la comida del colegio era para muchos la única comida del día... Al ver este panorama desde el autobús en mi cabeza empezó a sonar un mantra: «no hay derecho, no hay derecho».

En otros artículos he comentado la metáfora del reparto de cartas de la baraja que el nacimiento nos otorga a cada uno para que juguemos la partida de nuestra vida. A los niños que nacen en estos contextos de pobreza y marginalidad les tocan cartas realmente malas, muy malas pues, aunque hayan sido agraciados con las cartas de la salud, inteligencia, bondad y belleza, ya en la primera mano de la partida, la vida les hará trampas...

Frecuentemente hablo con personas de este asunto, de las cartas que la vida nos entrega en el momento del nacimiento y de cómo jugamos con ellas en la partida de la vida. La soberbia de la juventud o quizás la falta de perspectivas de algunos adultos, llevan a creer que las personas tienen lo que se merecen gracias al esfuerzo y es cierto, pero solo en parte. El esfuerzo entra en juego cuando la partida ya ha empezado y muchas personas a las que les ha ido bien en la vida, no recuerdan que también es verdad que, en el reparto de las cartas de la baraja de la vida, les tocaron buenas cartas.

En mis años como orientadora he podido comprobar que hay una carta que nunca falla, incluso aunque todas las demás sean malas: la carta del apoyo familiar. Hay familias que apoyan a sus niños incondicionalmente, con amor y total entrega, con el cuerpo y con el alma, y esos niños salen adelante incluso aunque estén afectados gravemente por una discapacidad, malas cartas de inicio jugadas con la fuerza del amor.

Sin apoyo familiar, la carta de la salud no se conservará, ni la belleza. La carta de la inteligencia perderá las oportunidades de desarrollarse y optimizarse, y la carta de la bondad no podrá jugarse porque hay contextos donde se confunde ser bueno con ser «tonto» y no queda más remedio que aprender estrategias de supervivencia, de maldad y de ataque como defensa.

«No hay derecho, no hay derecho» y «algo» hay que hacer. La desigualdad es uno de los grandes problemas del siglo XXI. No es justo, no es ni siquiera humano, que el reparto de la riqueza en el planeta se haya descompensado tanto y aunque la ciudadanía de a pie no tengamos responsabilidad en su origen, sí tenemos la obligación moral de hacer «algo», por fraternidad, porque todos somos igual de personas, por humanidad. Por eso, tampoco se entiende cómo abordan en algunos países ricos la llegada de personas de lugares pobres que buscan refugio en zonas que se perciben con más riqueza y prosperidad. No se entiende porque ni los pobres hicieron nada que les determinara un destino de pobreza, ni los ricos tampoco hicimos nada que nos lleve a merecernos un entorno de riqueza, porque es solo «suerte de cartas».

Ser mujer, inteligente y sana tiene un significado muy distinto en la Europa del siglo XXI que en la del siglo XVI y a su vez, aunque siga siendo en el siglo XXI, es muy diferente en Europa que en algunos países de legislación oficial discriminadora y machista.

No toda la prosperidad es atribuible al propio esfuerzo y es necesario reconocer que existen unas cartas de inicio que condicionan la partida de la vida, si bien el apoyo familiar y la resiliencia es capaz de ganar pulsos al determinismo realmente sobrecogedores y admirables. Las personas que hemos tenido la suerte de que el azar (valga la redundancia) nos haya beneficiado con buenas cartas tenemos la responsabilidad moral de contribuir a mejorar las oportunidades y condiciones de vida de esos niños y niñas más desafortunados en el reparto, con la honestidad en nuestras obligaciones fiscales, con el compromiso por la excelencia y calidad en nuestro trabajo, con la elección de políticos que sepan abordar con humanidad y especialmente con profesionalidad estas cuestiones y con nuestra mirada abierta y siempre atenta a otras realidades con las que convivimos y que a veces, también por azar, nos muestra un autobús.

Periódico Magisterio
23 de octubre de 2019

EL SENTIDO DEL LATIDO: LAORIENTACIÓN

Orientación educativa y orientaciones: delimitación conceptual

Frecuentemente, el término *orientación* lleva aparejado un calificativo, aunque en ocasiones se observa alguna confusión en el empleo de éstos. El origen de la *orientación* se sitúa a comienzos del siglo XX, en relación al vocablo *guidance*, concepto próximo a la orientación personal y/o educativa desde el que se trabajaba temáticas como la salud, familia, ocio, escuela o el empleo. Algo similar ocurre con *counseling*, que se asoció a la orientación personal pues se limitaba a este tipo de aspectos. Simultáneamente, comenzó a usarse el término *vocational guidance*, más próximo al actual concepto de *orientación vocacional*.

En la actualidad, en España empleamos el término *«orientación educativa»* como evolución de *guidance*, en su sentido más amplio. Sin embargo, para diferenciar procesos relativos a decisiones conducentes a la elección profesional, se encuentran los conceptos de orientación vocacional, académica y profesional, empleándose en ocasiones como sinónimos, cuando son conceptos significativamente diferenciados, de ahí el objetivo de este artículo.

La orientación educativa es el campo más amplio y abarca los otros términos. Es la ciencia de la educación que posibilita que cada persona optimice sus potenciales personales para conseguir el mejor desarrollo personal y social, luego el mayor bienestar para sí mismo y su entorno en todos los ámbitos de la vida. Es un proceso inherente al contexto educativo, transversal y complementario al currículo.

La orientación educativa contempla todas las facetas de la persona, también la que se refiere al ámbito laboral, es ahí donde se encuentra la orientación vocacional. Ésta consiste en el proceso por el que la persona va decidiendo cómo quiere desarrollar su faceta laboral e integrar ésta en su proyecto vital. Se prolonga a lo largo de toda la vida, aunque con mayor intensidad en la infancia y adolescencia, momentos en que es muy necesaria la intervención de los especialistas en orientación, contrariamente a la tendencia a trabajar la orientación vocacional únicamente en la secundaria.

Lo que hay que intensificar en secundaria es la orientación académica, pues se trata del conjunto de decisiones del estudiante para elegir itinerarios educativos acordes con su proyecto personal y profesional. Este proceso siempre tiene lugar en el ámbito educativo y se extiende durante toda la escolarización porque también conlleva procesos relativos a procedimientos y estrategias para el aprendizaje.

Si hay una orientación que deja al margen la infancia y se limita a la adolescencia y adultez, es la orientación profesional, ya que consiste en el proceso de toma de decisiones sobre la inserción profesional. No obstante, aunque se refiere a un momento concreto y finalista, recoge todos los procesos de orientación educativa, vocacional y académica, coordinados en la intervención de los especialistas en orientación para garantizar el éxito del proceso.

La delimitación conceptual entre orientación educativa y orientaciones ayuda a comprender procesos de la práctica, así como los modelos de orientación, por ello, es necesario no perder de vista los conceptos básicos a la hora de avanzar en esta apasionante Ciencia de la Educación.

Revista Aula de Secundaria
Marzo de 2013

La orientación educativa es imprescindible para mejorar la calidad del sistema educativo

Desde la constitución de COPOE en 2005, siempre hemos estado comprometidos con la mejora de la calidad del sistema educativo. Diez años después, en 2015, aprobamos el primer código deontológico para el ejercicio profesional de la orientación educativa y profesional, lo que nos sirve de marco ético desde el que situarnos en la práctica. En él asumimos que el referente básico para la orientación educativa es la Declaración Universal de los Derechos Humanos.

La COPOE no se alinea con ningún signo político y mantiene su independencia ideológica como confederación, si bien asume la Declaración Universal de los Derechos Humanos enunciados por la ONU y los valores que ella conlleva como el respeto por los derechos de las personas, la igualdad, la justicia, la democracia y la paz.

Asimismo, entendemos el derecho a la orientación educativa como la extensión del derecho a la educación que tienen todas las personas en el mundo. El derecho a la orientación tiene especial relevancia cuando se trata de que cada alumna y alumno reciba la respuesta educativa acorde con sus necesidades educativas, máxime si éstas se asocian a discapacidad, dificultades para el aprendizaje y/o desventaja socioeducativa.

Por todo ello, consideramos que ha llegado el momento de que en España se elabore un Pacto de Estado por la Educación que proporcione una normativa estable y sostenible en el sistema educativo, ya que lo consideramos de imperiosa necesidad. Una normativa consensuada por los políticos, pero asesorada e incluso elaborada por especialistas en educación, fundamentada en la investigación educativa y en la experiencia en las aulas en su quehacer diario y a lo largo de varias décadas, que agrupe las voces de la ciudadanía, especialmente del profesorado, del alumnado y de sus familias.

El Pacto de Estado por la Educación que necesitamos debe velar porque la inversión por alumno/a en el sistema educativo sea similar en todo el Estado, evitando las desigualdades territoriales, de las que tan poco se habla, pero que tanto discriminan en la práctica al alumnado en función de su residencia. El Pacto de Estado implica que se elabore un currículo básico común y que conlleve una ordenación educativa que permita que el alumnado pueda cambiar de comunidad sin que por ello cambie su currículo, es decir, una coherencia interregional entre currículos.

En el Pacto de Estado que necesitamos ha de estar muy presente la Orientación y la Psicopedagogía en el sistema educativo, tanto en la formación inicial del profesorado como en la formación continua, así como en la práctica educativa, no debiendo olvidarse que la función docente se basa en la Didáctica y en la gestión emocional en el aula. Éstas son Ciencias de la Educación son eminentemente prácticas y como tales, se fundamentan en un conocimiento práctico, por ello, consideramos que la selección del profesorado ha de basarse en la tutorización en la práctica a cargo de profesorado veterano y experto. Y aquí cabe, nuevamente demandar de una vez por todas, la carrera docente, de la que tanto se viene hablando, y que creemos sería un revulsivo para que el profesorado crezca y se motive para su profesión.

También es necesario que se aumente el porcentaje económico destinado a educación en los presupuestos generales del Estado -y por supuesto, que se refleje en las otras administraciones- y destinarlo especialmente al aumento de los recursos humanos, si se quiere hacer una apuesta real por mejorar el sistema educativo es necesario contar con más profesionales. Asimismo, es necesaria la dotación de recursos materiales para que los profesionales de la orientación dispongan de materiales actualizados, de recursos de innovación en este campo, que nos permita tener cada vez mejor calidad en las intervenciones. Sin embargo, en la última década los recursos no han sido escasos sino nulos, dependiendo de la comunidad autónoma en que nos situemos.

En especialmente relevante que se aborde un Plan Estatal por la Educación Inclusiva que contemple medidas concretas para que «ningún alumno se quede atrás», sea cual sea el origen de su necesidad específica: desventaja social, discapacidad funcional, alta capacidad intelectual o dificultades para el aprendizaje.

Para atender con calidad a la diversidad del alumnado es imprescindible que se disminuya la ratio de alumnado por docente en el aula, recomendando 1/15 en infantil, primaria y secundaria obligatoria, promoviendo el segundo docente el aula para introducir metodologías más innovadoras y enseñanza más personalizada. Las decisiones relativas al alumnado deben basarse siempre en el rigor técnico- científico, tanto para el diagnóstico como para la intervención, de modo que siempre sea necesario contar con los profesionales de la orientación, como especialistas en Pedagogía, Psicología o Psicopedagogía.

Nuestro sistema educativo sigue teniendo un reto pendiente en cuanto la acción tutorial. Las temáticas que se abordan son muy relevantes en la vida de las personas y es preciso que exista un tiempo específico de tutoría lectiva en el horario de todas las enseñanzas, no solo las obligatorias (en la Educación Primaria aún no existe) y la Formación Profesional Básica, sino también las postobligatorias, especialmente en Bachillerato y Ciclos Formativos de Grado Medio (no se contempla en la LOMCE para ninguna de estas etapas). Sin embargo, consideramos que existe un retroceso respecto a la LOGSE, ya que se han reducido horarios de atención directa al alumnado en Secundaria y en Primaria nunca ha existido un tiempo específico para actividades relacionadas con esta temática. Los que llevamos varias décadas trabajando en este ámbito, vemos la gran necesidad de que los tutores y tutoras puedan ejercer como tales, de que dispongan de horarios individuales y colectivos para conocer y abordar el seguimiento de su alumnado tutorizado y ser capaces de «profundizar» en la psicología y vivencias de su alumnado. Esto, sin duda, reduciría la problemática en las aulas.

En la tutoría lectiva es preciso seguir trabajando la educación emocional, las técnicas de estudio y las estrategias de aprendizaje, la convivencia, las habilidades sociales, la educación para la paz y la solidaridad, la educación para la salud: la prevención de drogodependencias y adicciones, la educación afectivo-sexual y la educación para la nutrición... A este respecto, es necesario tener en cuenta que las causas del fallecimiento de los menores son: tráfico, drogadicción y suicidios. Por consiguiente, es imprescindible trabajar en la prevención desde la acción tutorial, con un sistema educativo que trabaje por una formación integral, superando arcaicos planteamientos basados únicamente en el aprendizaje de contenidos instrumentales. En suma, consideramos la necesidad y la eficacia de la acción tutorial para el crecimiento personal y estabilidad emocional de nuestro alumnado.

También en el ámbito de la orientación vocacional y profesional seguimos teniendo retos muy importantes como consecuencia de la complejización de la oferta formativa y la relevancia de que los niños y jóvenes diseñen y desarrollen su propio proyecto profesional: lo que sería su proyecto de vida. Es necesario que el sistema educativo se abra al mundo de la empresa y que exista una interacción bidireccional para promover especialmente el empleo juvenil, una de los mayores problemas que tiene nuestro Estado en la actualidad. Asimismo, en estos tiempos de necesidad de cambio de modelo productivo que vivimos, es necesario hacer realidad el derecho a la orientación de las personas adultas con la presencia de profesionales de la orientación, especialmente en procesos directamente relacionados con la orientación como «Acredita». Desde la orientación educativa es posible la promoción de la igualdad de oportunidades pues se contribuye a que cada persona diseñe y desarrolle su proyecto de vida, superando los prejuicios que tradicionalmente han limitado a las personas: estatus social, origen, formación, procedencia, género, etnia, creencias religiosas, orientación sexual, capacidad, discapacidad o cualesquiera otras características de las personas o circunstancias.

Como conclusión, podemos decir que es imprescindible una mayor inversión en educación porque se trata de la inversión más rentable. La educación en general y la orientación en particular, apuestan por el futuro en positivo y contribuyen eficazmente a prevenir las problemáticas sociales más graves: desequilibrios, desempleo, delincuencia y exclusión social. Una nación necesita de un capital humano que se implementa a través de su formación, y es lo que a lo largo de generaciones será consistente en la labor del sistema educativo con respecto al crecimiento personal y bienestar de la población.

Para ello, la ratio de profesionales de la orientación que se precisa en España es 1/250, es decir, un profesional por cada 250 alumnas y alumnos, tal como recomiendan entidades internacionales como la UNESCO. Está constatado que cada vez tenemos más objetivos y a actuación es más amplia y diversificada por lo que nos reafirmamos en que no se puede realizar intervenciones de calidad si seguimos atendiendo a todo un colectivo (centro o zona) cada vez con menos recursos y simultáneamente con más demandas tanto sociales como administrativas.

El objetivo y finalidad de COPOE es hacer de la orientación educativa un mecanismo para compensar las situaciones que están provocando el fracaso escolar y el abandono prematuro del sistema educativo, para así, también desde la orientación, promover el éxito escolar de toda la población en todo el Estado Español propiciando que cada persona pueda desarrollar sus potencialidades recibiendo el apoyo pertinente de la sociedad en la que está viviendo y para la que está creciendo y preparándose, para poder devolver a largo plazo lo que la sociedad le ha estado dando.

Educar y orientar, la revista de COPOE
mayo de 2016

Competencias que confieren identidad

Los profesionales de la Orientación deben contar con unas competencias básicas personales que ayuden a definir el valor diferencial de este perfil. Un buen orientador sabrá desenvolverse con éxito en el contexto escolar, cumplirá funciones específicas de su ámbito, como la evaluación psicológica o la emisión de dictámenes de escolarización y conocerá los entresijos del sistema educativo para dar respuesta al colectivo docente.

Es importante que los profesionales de la orientación cuenten con un buen repertorio de habilidades sociales para desenvolverse en la comunidad educativa. Además, una de las cuestiones clave es la capacidad de poder trabajar cooperativamente con el profesorado, desde un perfil profesional, con la posibilidad de asesorar que comporta especialización técnica del profesional de la Orientación.

De la empatía a el asesoramiento técnico

En función de este perfil profesional identitario, las competencias de losorientadores y orientadoras pueden situarse en tres campos:

- Competencias sociales para desenvolverse en contextos escolares.

- Competencias técnico-especializadas inherentes a la orientación.
- Competencias para las tareas educativas.

Competencias sociales

Por competencias sociales entendemos aquellas que permiten al profesional desenvolverse con éxito en los contextos escolares. Son las competencias que favorecen la creación del clima adecuado para el trabajo en equipo, así como la adecuada comunicación en el seno de la comunidad educativa como, por ejemplo: «Empatía hacia los compañeros, diplomacia, saber escuchar» o «saber escuchar».

La puesta en juego de estas competencias sociales, facilita que puedan desarrollarse otras más técnicas y especializadas. Es decir, son las competencias que permiten al profesional tratar hábilmente asuntos delicados como, por ejemplo, orientar a la familia de un alumno o alumna del que va a emitir un diagnóstico de discapacidad intelectual. Estas competencias se relacionan directamente con las cualidades personales del profesional, pues si se poseen determinadas cualidades, como una adecuada inteligencia emocional o capacidad de empatía, será más fácil la adquisición de este tipo de competencias sociales.

Competencias técnico-especializadas

Las competencias técnico-especializadas inherentes a la orientación son aquellas que sólo puede llevar a cabo el profesional de la Orientación, como la Evaluación Psicopedagógica, o la emisión de Dictámenes de escolarización, entre otras. Son competencias relacionadas con funciones específicas que encomienda la Administración educativa a los orientadores y orientadoras.

Competencias para las tareas educativas

Las competencias para las tareas educativas son aquellas aptitudes que deberían compartir todos los que se dedican profesionalmente a la Educación como, por ejemplo, conocer con profundidad el Sistema educativo y sus entresijos menos visibles, como lo concerniente al currículum oculto de cada comunidad educativa. Para ello, además de la adecuada formación inicial y continua de los profesionales de la educación, es importante el aprendizaje vivencial basado en la experiencia.

Otro de los aspectos que debe recogerse entre las competencias para las tareas educativas es el conocimiento de la normativa que publica la Administración Educativa. Estos conocimientos deberían formar parte del bagaje cotidiano del profesorado, sin embargo, quedan al margen de la práctica de la mayoría de ellos y apenas son tenidos en cuenta tampoco por la Administración ni en las oposiciones, ni en otros procesos de selección. Este conocimiento acerca del Sistema Educativo parece estar al margen de la práctica diaria de los centros. Sin embargo, para los Profesionales de la Orientación educativa, la actualización en normativa se considera una cuestión fundamental, es más, en la práctica, se ha instaurado la creencia de que el orientador u orientadora es el responsable de conocer la normativa.

Otro tipo de competencias, que también forman parte de las necesarias para trabajar en educación, son las competencias digitales, pues se trata de conocer los instrumentos

que facilitan tanto el acceso a la información, como el tratamiento de los datos, entre otras muchas posibilidades.

El desenvolvimiento práctico de estas competencias y la
interrelación entre ellas complejiza aún más el perfil profesional de los orientadores y su identidad dentro del colectivo profesional de educación, pues el orientador u orientadora es, por un lado, uno más, pero a la vez, es «el diferente»
y como tal, tiene competencias profesionales diferenciadas
que, por un lado le definen y dan identidad pero que, por
otro lado, le alejan del profesorado, especialmente si no tiene las adecuadas competencias sociales. En palabras de una
orientadora:

> *que tú tengas que hacer valer esa formación sin que se note,
> nosotros somos especialistas y tienes que agarrarte a tu parcela,
> (…) pero que no se note demasiado porque si no te distancias de
> ellos, es la cuadratura del círculo, yo lo he visto siempre así.*

Parece que pudiera existir la meta-competencia de ser
orientador u orientadora, entendida como la competencia
que combina todas las anteriores con la capacidad de poner-
las en juego y convivir en una comunidad educativa.

PERSPECTIVAS DE FUTURO

Con las propuestas del nuevo máster para el profesorado de Secundaria, estamos viviendo un momento de cambio
que puede revolucionar a medio plazo el Sistema Educativo
Español. También a la hora de diseñar una formación inicial
específica para el ejercicio de la orientación educativa habría
que tener en cuenta todas las competencias señaladas y su

correspondencia teórica, pero también su implicación práctica, porque dominar una competencia significa saber «hacer» y esto se aprende sobre la práctica, por ello, un aspecto fundamental será tener en cuenta la tutorización de los noveles a cargo de profesionales de la orientación veteranos.

Si bien, la experiencia es un valor que no puede compartirse, pues en una trayectoria profesional es imposible saltar etapas, lo inevitable y deseable es atravesarlas todas para aprender de ellas. Sin embargo, lo que sí podemos compartir, son los conocimientos que la experiencia y la reflexión acerca de la misma nos ha aportado. De hecho, para los profesionales de la Orientación en ejercicio, su mayor fuente de aprendizaje y apoyo a la hora de enfrentarse a la realidad de la práctica fue el apoyo de los veteranos y veteranas de la orientación.

Nuestra propuesta formativa se basa en un fuerte soporte teórico, acompañado de un buen número de horas de prácticas, tuteladas por profesionales acreditados, respaldados por sus buenas trayectorias profesionales. Esta formación en prácticas ha de ser planificada, evaluada y coordinada con la formación teórica, para romper de una vez el hiato entre teoría y práctica en educación.

Además, observamos que el perfil profesional de los Orientadores y Orientadoras ha ido evolucionando hacia una especialización cada vez mayor. El requerimiento de los Profesionales de la Orientación para que aporten informes que sirvan para tomar decisiones, es una práctica a la que, cada vez, se recurre más desde la Dirección de los centros, la Inspección, Centros de salud o Servicios sociales. Ello conlleva un aumento de la burocracia, que puede estresar aún más, pero sobre todo, asumir una responsabilidad al emitir juicios que pueden ser determinantes para la vida de las personas, como los diagnósticos de discapacidad, la modalidad de escolarización o informes que determinen la situación socio-escolar de un alumno de cara a tomar decisiones para las actuaciones de los Servicios Sociales, por ejemplo.

Otro de los caminos por que evoluciona el perfil de los Profesionales de la Orientación es el asesoramiento técnico, cada día más preciso ante la complejización cada vez mayor de los centros educativos. Nos referimos a la vertiente educativa complementaria a la docente, específica del perfil profesional de los Orientadores y Orientadoras.

La capacitación teórica-práctica de los Profesionales de la Orientación y la especialización es la que define y diferencia este perfil profesional dentro del sistema educativo. Un perfil profesional que podría rentabilizarse aún más, tanto en la formación y actualización del Profesorado, como para el Sistema Educativo y nuestra sociedad actual y venidera.

Revista Cuadernos de Pedagogía
abril de 2009

Profesionales de la orientación y equipos directivos de los centros educativos: una clave imprescindible sobre la que reflexionamos poco

El trabajo cotidiano de los profesionales de la orientación en los centros educativos precisa de la consideración de algunas claves para que sea realmente eficaz para la comunidad educativa. Tras casi cuatro décadas desde la implantación de la orientación en el sistema educativo, sin duda se puede afirmar que una de estas claves fundamentales es la *relación que se establece entre el profesional de la orientación y el equipo directivo del centro.*

Aunque esta temática ha ocupado siempre un lugar importante entre las conversaciones más frecuentes entre los profesionales de la orientación, se ha escrito muy poco sobre este asunto. Por ello, va llegando el momento en que afrontemos con valentía y rigor este aspecto crucial de la práctica de la orientación educativa, reflexionemos sobre él como un asunto más entre los relativos a la orientación educativa y por consiguiente, dejemos un rastro testimonial escrito sobre el que seguir construyendo.

En este artículo trataremos de desentrañar *en qué consiste la relación entre profesionales de la orientación y equipos directivos*, y la analizaremos con ejemplos prácticos, con el objetivo de plantear reflexiones en voz alta, siempre con el ánimo de contribuir a ayudar a mejorar la práctica de la orientación educativa.

Para comenzar, podemos asumir que existen varios tipos de relaciones entre profesionales de la orientación y equipos directivos. Sin embargo, este artículo no va a consistir en una relación de tipologías, lo que sería objeto de un interesante y ameno artículo, porque en este momento, es más interesante analizar las variables que se ponen en juego para que se desencadene un tipo u otro de relación.

La confianza como primera variable

En todas las relaciones humanas *la confianza* es una de las claves centrales que influyen de manera decisiva en todas las demás. La confianza guarda relación directa con la gestión emocional de las personas implicadas. Por ejemplo, un equipo directivo compuesto por personas con poca autoconfianza, fácilmente desconfiarán del profesional de la orientación, especialmente si éste se maneja con soltura en la gestión de la organización escolar.

Por el contrario, si es el profesional de la orientación quien tiene poca experiencia e inseguridad ante un equipo directivo veterano, la falta de confianza irá en sentido contrario y el orientador u orientadora se verá poco a poco al margen de las decisiones que sobre organización escolar se tomen desde los cargos directivos.

Sin embargo, la confianza no tiene porque guardar relación directa con la experiencia, es decir, no importa demasiado si el equipo directivo tiene o no mucha experiencia en relación a la que tenga o no el orientador/a o a la inversa cuando hablamos de confianza. La confianza está más relacionada con la actitud, es decir, con la disposición emocional de los equipos directivos a confiar en el orientador/a y a la inversa. Para que exista esa actitud de una u otra parte, solo hay algo realmente decisivo: ser capaz de ganarse la confianza y/o ser merecedor de ella.

Merecer la confianza

«Merecer la confianza», parece sencillo, son solo tres palabras y sin embargo, todo ello encierra la posibilidad de que podamos trabajar o no y de que consecuentemente sintamos bienestar o no en nuestro desempeño profesional.

La pregunta clave sería entonces: ¿cómo *hace un profesional de la orientación para ganarse la confianza de su equipo directivo?* La respuesta también parece sencilla: «cumpliendo eficazmente con el trabajo». Hace algún tiempo, mi compañero orientador Antonio, comentaba que su director, ante el comentario de un compañero que consideraba que él, como orientador, gozaba de privilegios, recibió la siguiente respuesta: «es que Antonio es el primero que llega al centro y el último en irse». Como vemos, no sólo se trata de trabajar mucho, ya que no basta solo con eso, porque también hay que «trabajar bien».

«Trabajar bien» significa aportar a cada comunidad educativa un trabajo de calidad, además de exhaustivo y riguroso. Trabajar de acuerdo a plazos de tiempo razonables, resolver con eficacia problemas, trabajar por la prevención desde el asesoramiento en tareas de organización escolar, entre otros, son algunos ejemplos de trabajo riguroso. Y como si de un círculo vicioso se tratara, esta forma de trabajar revierte en una mayor seguridad en el desempeño profesional. En suma, ser eficaz y eficiente.

Por consiguiente, existe una relación directa y equilibrada entre «saber trabajar», «trabajar bien» y «sentir seguridad en el trabajo». Luego, ¿cómo conseguir *que las personas se sientan seguras en lo que hacen?*, la respuesta podría ser: «cuando saben en qué consiste lo que tienen que hacer». Este razonamiento nos lleva directamente a la **segunda variable clave** de la relación entre profesional de la orientación y equipos directivos: *la formación.*

La formación para el puesto

Un famoso pasodoble tradicional de España dice así: «Manolete, si no sabes torear para que te metes». Este estribillo nos aporta mucho en nuestra reflexión, pues la formación específica de calidad tanto para el desempeño de la orientación como de las funciones directivas, ayudará a todos a tener más seguridad en el desempeño cotidiano.

La formación sirve para conocer qué hay que hacer y cómo debe hacerse. La formación ayuda a tomar decisiones cuando hay que elegir entre varias opciones para afrontar un problema, por ejemplo. La formación también sirve para saber a quién, cómo, cuándo y dónde acudir para pedir ayuda o cómo coordinarse con otros profesionales.

Más allá de estas definiciones de *formación,* en ámbitos tan complejos como el educativo, la formación ayuda a comprender la complejidad de todo el sistema, a no perder de vista el camino recorrido por quienes nos precedieron, ni el objetivo hacia el que hay que caminar. Estando por tanto, en una actualización y evolución constante.

El profesorado que forma parte de equipos directivos y que se ha formado adecuadamente para su puesto sabe cuáles son sus funciones y valora al profesional de la orientación como un recurso más para la consecución de los objetivos de calidad de la comunidad educativa que lidera, eso sí, siempre que entre ambos fluya la confianza y se sepa por cada una de las partes, de qué se trata su cometido, sus límites, y en qué consisten sus funciones.

Con esto, en absoluto se está diciendo que haya que ir con la normativa en mano para recordar las funciones a cada paso, de ninguna de las maneras, pero si, y esto es muy importante, que hay que conocer bien en qué consisten las propias funciones y ajenas, lo que pasa por una imprescindible, amplia y profunda formación y actualización.

La delimitación de funciones es algo imprescindible para que la relación entre orientador/a y directivos fluya. Cada cuál debe saber cuál es su función, dónde acaba y empieza la del otro y no confundirse entre las lindes de una y otra. Por cercano que esté una orientadora u un orientador a un equipo directivo y por mucha complicidad que exista entre ambos, existen determinadas decisiones que son responsabilidad del equipo directivo, especialmente las relativas a la organización escolar. Este es un asunto transcendente en el tema que abordamos, siguiendo con las frases populares: «zapatero, a tus zapatos».

En el sentido inverso, también es necesario que los protagonistas de esta relación tengan clara la *delimitación de las funciones del orientador* y que éste sea capaz de sobreponerse y superar posibles presiones provenientes de los equipos directivos, como por ejemplo las que tienen lugar cuando un equipo directivo quiere que el orientador diagnostique y/o cense a alumnado de necesidades específicas de apoyo educativo, con el objetivo de conseguir más recursos para el centro. En este caso, la presión consiste «en hacer más anchos los agujeros de la criba». Otro ejemplo de presión, es el que ocurre a veces en secundaria, por ejemplo, para que no se pierda un grupo de bachillerato de determinada modalidad, puede darse el caso de que el profesional de la orientación se sienta presionado a «llenar un grupo» cuando realiza la orientación profesional en los grupos de cuarto de secundaria, en este caso buscando más los intereses del centro que los del alumnado.

Estas presiones ocurren en los centros y es de destacar que no son malintencionadas por parte de los equipos directivos, porque, como vemos, el objetivo es tan loable como aumentar recursos u oferta educativa para el centro. Es más, en estos casos, el profesional de la orientación, como antes dijimos, es considerado un recurso más del centro que contribuye al desarrollo de los objetivos de la comunidad educativa.

Sin embargo, este tipo de actuaciones no responden a la ética profesional y consecuentemente, se hace necesario establecer unos límites entre dónde empiezan los requerimientos coyunturales de un centro para un orientador y desde dónde se establecen las decisiones profesionales. Desde mi punto de vista, creo que estas decisiones deben estar regidas por un código deontológico para el ejercicio profesional de la orientación educativa, todo un reto para la orientación educativa en España y uno de los grandes proyectos de COPOE para 2015.

Mejor profesionalidad que buena voluntad

Aunque sin un *código deontológico,* hemos trabajado y trabajamos con profesionalidad, pero aún así, necesitamos de este código común, también para refrendar nuestras decisiones, que siempre han de estar basadas en la profesionalidad, en la epistemología de la orientación y no sólo en la buena voluntad de los profesionales.

Volviendo al asunto de la confianza, en muchas ocasiones, existe confianza pero no existe profesionalidad, es decir, la relación personal es cordial y respetuosa, pero una de las partes sabe que hay determinados asuntos para los que no puede contar el directivo con el orientador/a o viceversa. A veces esto ocurre porque falta rigurosidad o porque la formación es escasa o porque la actualización es inexistente, en definitiva, porque falta profesionalidad.

Si la relación personal es cordial ya se ha ganado mucho, sin embargo, no se trata únicamente de eso. El sistema educativo español cuenta con muchísimas deficiencias arrastradas desde hace siglos y con buena voluntad únicamente no se arreglan, porque lo que necesitamos es más profesionalidad y mejor formación para los docentes.

La profesionalidad abarca muchos aspectos, algunos ya recogidos anteriormente, como la confianza en los compañeros y la formación amplia para el *desarrollo de las competencias profesionales*. Pero la profesionalidad es más, mucho más, es sobre todo la incesante búsqueda del rigor; rigor en todos los sentidos.

El ejercicio de la orientación educativa precisa de profesionales en continuo estado de alerta en la búsqueda de la eficacia, por ejemplo, cuando las orientadoras u orientadores se encuentran con un alumno que presenta un trastorno del que anteriormente no habían tenido experiencia, han de iniciar una búsqueda para poder dar respuesta educativa al mismo. La complejidad de nuestra sociedad y el número de dificultades cada vez más frecuentes a las que han de enfrentarse nuestros niños y jóvenes, hace que el profesional de la orientación, si realmente es profesional, deba actualizarse de forma constante a lo largo de toda su carrera profesional, como dicen los buenos músicos: «si dejo un día de ensayar me lo noto yo, pero si dejo dos, me lo nota el público».

Del mismo modo, *al profesional de la orientación* se le pide rigor, es más *se le debe exigir rigor,* por ejemplo en cada evaluación psicopedagógica, donde emite valoraciones sobre alumnado muy relevantes y trascendentes para estos niños y niñas. Nuestra profesión no puede permitirse errores del calado de alumnos y alumnas mal diagnosticados o sin diagnosticar y por consiguiente sin respuesta educativa ajustada a sus necesidades y sin que se cumplan los derechos que como alumnado tienen.

El *rigor* es también imprescindible *en el asesoramiento al alumnado.* La información que se ofrece al discente para ayudarle a hacer su elección académica y profesional es también trascendente en la vida de las personas y todo el rigor es poco. Si falta rigor en la información podemos encontrarnos con el caso de alumnado que abandonó sus estudios porque no fue informado de que podía presentarse a la prueba libre para la obtención del graduado o con un joven que no estudió determinada carrera porque no eligió en su momento la modalidad de bachillerato vinculada con el mismo, lo que le dejó fuera del proceso, o casos de alumnos que eligieron estudios sin haber pasado por proceso alguno de orientación vocacional y profesional y como nómadas pasaron por varios primeros de grados, hasta abandonarlos todos. Similar idea se podría aplicar al alumnado con dificultades de aprendizaje, con problemas conductuales, o con problemas de lenguaje,...

Como vemos, la falta de rigor en el desempeño profesional de la orientación puede suponer que muchas personas vean sus derechos fundamentales lesionados, además de un importante despilfarro económico para las arcas públicas, que son las de todos.

Rigor, rigor y más rigor deben presidir siempre la pirámide de las actuaciones profesionales de un orientador u orientadora.

LAS EXPECTATIVAS SOBRE EL ORIENTADOR/A

También es cierto que, parafraseando a Ada Abraham «el orientador es también una persona». En ocasiones las expectativas que una comunidad educativa tiene sobre su orientador/a son excesivas y están por encima de las que se tienen sobre otros perfiles profesionales del sistema educativo. Esto conlleva que algunos equipos directivos esperen que el orientador/a tenga la varita mágica que les solucione los problemas del centro, como decía Mara Selvini Palazzoli, se espera que el profesional de la orientación sea «un mago sin magia», y aunque es cierto que la formación en Psicología, Pedagogía y Psicopedagogía abre muchas puertas para comprender y mejorar el sistema educativo, no proporciona la infalibilidad a quien lo posee.

También en asunto de expectativas se nos pide equilibrio a los profesionales de la orientación, para saber hasta que punto las expectativas que sobre el orientador u orientadora se depositan son realmente plausibles o son fantasías o quimeras. Tenemos, nuevamente que demostrar que somos eficaces, pero que no podemos solucionar todos los problemas, porque los profesionales de la orientación somos una pieza más del engranaje de la organización de una comunidad educativa y es completamente imprescindible trabajar en equipo, y también para esto hay que ser competente, en su sentido más literal: hay que saberlo hacer, «hay que saber trabajar en equipo» y esto atañe tanto a los profesionales de la orientación como a los directivos. Recordando a Miguel Ángel Santos: «el trabajo de orientador no puede consistir en seguir poniendo tiritas mientras siga funcionando la máquina que provoca las heridas».

Y YO ME IRÉ, Y LOS PÁJAROS SE QUEDARÁN CANTANDO

Y al final, el equipo directivo terminará su mandato y el profesional de la orientación seguirá ocupando su mismo puesto y seguirá desempeñando su perfil profesional con un nuevo equipo directivo. Quizás compuesto por nuevos compañeros a los que tener que demostrar su profesionalidad otra vez, o quizás sean anteriores tutores con los que se trabajó muy cercanamente en el curso anterior y con los que ya se tiene experiencia de trabajar en equipo…

Nuevos ajustes, otra adaptación más y así sucesivamente. El perfil profesional de directivo de un centro educativo es coyuntural y el profesional de la orientación forma parte de su estructura estable, así es. Por ello, tenemos muchos retos profesionales si queremos seguir siendo parte de la estructura estable del sistema educativo.

Necesitamos que la orientación educativa se fundamente en unas sólidas bases epistemológicas y que de ellas, como si de un tronco se tratara, nazcan ramas fuertes como técnicas e instrumentos; protocolos y deontología, rigor y ciencia. Además, se trata de trabajar en equipo, con confianza y profesionalidad desde las entrañas de cada comunidad educativa, con *Amor y pedagogía* como tituló Unamuno su novela y a la vez con rigor, ciencia y compromiso profesional.

Educar y orientar, la revista de COPOE
Mayo de 2015

Los orientadores como TEDAX

Las orientadoras y orientadores son una pieza clave en la modernización del sistema educativo español. Desde su incorporación al sistema educativo, su figura ha ido ligada a los momentos más difíciles y de mayor innovación para el sistema. Siempre unidos a los cambios y a la modernización de la escuela, los orientadores comenzaron a trabajar en los centros educativos con la llegada de la democracia en plena transición política y en la actualidad, en la cada vez más compleja sociedad del siglo XXI, somos el equivalente a los TEDAX (Técnico Especialista en Desactivación de Artefactos Explosivos) de las fuerzas de seguridad del Estado en los centros educativos.

Los profesionales de la orientación comenzaron su andadura en el sistema educativo español a partir de 1977 con la creación de los Servicios de Orientación Educativa y Vocacional. En aquel momento se dotó a cada provincia española con tres profesionales. En la actualidad resulta incomprensible esta ratio, pues hay algunos centros que por sí solos han llegado a contar con tres orientadores solo en su claustro. Sin embargo, para arrancar con un nuevo proyecto hay que empezar por un pequeño paso y en los ochenta se supo darlo. En aquel momento los profesionales de la orientación fueron muy rentabilizados por la Administración Educativa pues su incorporación fue ligada a la democratización de la sociedad española y concretamente a la integración del alumnado con necesidades educativas especiales en los centros ordinarios. Literalmente, había que luchar en los claustros para que el alumnado con discapacidad tuviera una silla en un aula ordinaria y argumentar contra aquello de: «*este niño no debería estar aquí*» o «*no estamos preparados para atenderlo*».

Los años ochenta fueron muy difíciles en los centros educativos pues había que romper con los moldes de pensamiento entumecidos tras décadas de inmovilismo «neuronal», donde las explicaciones del éxito o el fracaso del alumnado solo giraban en torno a su «esfuerzo», sin tener en cuenta variables de contexto ni cuestionarse planteamientos metodológicos. De este modo, podemos decir que la primera misión de riesgo de la orientación en España fue la contribución a la democratización del sistema educativo y a la integración de las personas con discapacidad en los centros ordinarios.

La segunda gran misión de los orientadores como profesionales de riesgo fue la ayuda para que una nueva etapa obligatoria se incorporara a los institutos. En esta ocasión la dotación fue de un profesional de la orientación por centro de Secundaria que tuvo que pasar por todo un rosario de obstáculos. En aquel momento, el comienzo de los noventa, los orientadores fueron aparejados a la implantación de la LOGSE, lo que significaba que la etapa 12-16 se incorporaba a los centros, una medida universal que cambió para siempre el panorama de los institutos en España. Las resistencias fueron muchas y en la actualidad aún quedan nostálgicos, porque los cambios fueron realmente sustanciales:

alumnado escolarizado contra su voluntad, sin motivación, con dificultades de aprendizaje, en plena adolescencia emocional, con problemas de disciplina… Para colaborar con el profesorado a afrontar esta nueva etapa, la administración de nuevo contó con los orientadores, asumiendo así el reto, hasta normalizarse en la actualidad la figura del orientador en los institutos.

Curtidos en estas batallas, en la actualidad toda la experiencia acumulada por este perfil profesional nos lleva a desempeñar la función de TEDAX y estar en los momentos más delicados manejando los explosivos escolares. A veces impedimos que estallen, especialmente cuando hacemos prevención, una actividad silenciosa que pocos reconocen pero que es la más importante y la que más dedicación precisa. En otras ocasiones el artefacto estalla y no podemos impedirlo, de modo que al final somos la víctima peor parada.

En un mundo tan complejo como el de la segunda década del siglo XXI el trabajo de orientador es mucho más complicado que el desarrollado veinte años atrás. Los casos de alumnado con trastornos de conducta se han multiplicado, las derivaciones a Salud Mental por problemas psíquicos graves son cada vez más frecuentes, las intervenciones ante acosos y ciberbullyng se han multiplicado exponencialmente, los maltratos y situaciones de grave riesgo social requieren cada vez de más intervención… Todos ellos son asuntos-bomba y necesitan del TEDAX en el centro, por eso en este momento se hace más necesario que nunca que las administraciones educativas sigan la recomendación de la UNESCO de 1 profesional de la orientación por cada 250 alumnos/as, ratio de Finlandia, si no quieren que el sistema educativo español estalle por los aires. Si se quiere que en los centros la C de calidad esté tan presente como la C que recoge LOMCE, no escatimen en recursos humanos, que son las personas a pie de obra quienes consiguen cambiar el mundo.

Periódico Escuela
2 de junio de 2016

La orientación contribuye a la justicia social

La orientación educativa contribuye a la justicia social, no solo se trata de la reiteración de la afirmación que da título a este artículo, sino la reafirmación de esta idea, desde la más profunda convicción.

Desde la orientación educativa es posible hacer realidad la atención a la diversidad que es la clave definitiva para practicar la equidad, es decir, en la práctica, los profesionales de la orientación determinan qué necesidades presenta cada estudiante y se encargan de hacer posible la adecuada respuesta educativa y esta es diferente en cada caso. Se trata de que ninguna alumna ni ningún se quede atrás.

La justicia social no consiste en ofrecer un sistema educativo igual para todos, sino en posibilitar que todos los estudiantes tengan las mismas oportunidades de conseguir una vida de bienestar y de hacer realidad sus sueños.

La orientación gestiona todos los aspectos complementarios a la parte académica en el sistema educativo y esto se materializa en los tres ámbitos de la orientación educativa, que pasamos a analizar en cuanto a su contribución a la justicia social.

Hacer justicia social desde la acción tutorial

La acción tutorial se encarga de que el alumnado aprenda todo lo complementario al proceso de aprendizaje. En el plan de acción tutorial de un centro que coordina el orientador, se recogen los programas que constituyen aprendizajes clave para la vida y que solo aparecen transversalmente en los currículos oficiales. Son muchos y muy variados los programas que se ponen en marcha, pero por poner un ejemplo: hacemos acción tutorial cuando trabajamos los programas de educación emocional y ayudamos a que las personas tengan una mejor gestión emocional y puedan resolver mejor sus conflictos. Hacemos también acción tutorial con los programas de educación afectivo-sexual y contribuimos a que se prevenga el embarazo adolescente y la transmisión de enfermedades por vía sexual. Estos aspectos pueden ser decisivos en la vida de una persona, pues recordemos cómo el sistema educativo es el más eficaz salvavidas para que las niñas afronten sus vidas desde la formación personal y cualificación profesional para conseguir independencia económica y emocional del varón, especialmente en contextos de mayor deprivación sociocultural, donde la ideología machista sigue imperando y reproduciéndose por generaciones.

Este tipo de actuaciones se trabajan desde la edad infantil y a lo largo de toda la escolarización, siendo de especial relevancia en la enseñanza de personas adultas si ponemos el foco en hacer realidad la justicia social.

Hacer justicia social desde la orientación vocacional y profesional

La orientación vocacional es un proceso que abarca mucho más que la toma de decisiones sobre qué itinerario formativo va a seguir un estudiante. La orientación vocacional consiste en pensar, diseñar y desarrollar un proyecto profesional acorde con los objetivos que una persona se ha trazado para su vida, es decir, se trata del proyecto de vida. Desde esta perspectiva la orientación educativa contribuye a fomentar la esperanza en la vida de las personas con peores situaciones de partida, porque pone frente a cada estudiante el abanico de posibilidades que el sistema educativo le ofrece partiendo del conocimiento de sus intereses y cualidades, dicho de otro modo, de su autoconocimiento y de la toma de conciencia de la propia identidad personal y como ciudadano que forma parte de una sociedad. Hacer orientación vocacional en los contextos de transformación social significa acompañar a las personas en el primer paso hacia la realización de su proyecto de vida.

Para muchas personas, encontrarse con un orientador ha cambiado su vida, pues encontraron información y acompañamiento en el momento clave para definir un itinerario formativo que les permitió finalmente insertarse con éxito en el sistema productivo y conseguir el bienestar deseado.

Hacer justicia desde la atención a la diversidad

Aunque pueda parecer reiterativo comenzar cada apartado con «hacer justicia», no lo es porque la orientación siempre, en cada momento contribuye en la práctica a hacer justicia. Además, en este último apartado no se habla de justicia social, sino de «justicia», sin calificativos. Cada pequeña acción que se hace desde la orientación educativa suma un pequeño granito de arena en la playa de la equidad y de la justicia.

En nuestro mundo, nadie cuestiona públicamente el valor de la diversidad, sin embargo, en la realidad son muy pocas las diversidades que alguien pediría si tuviera ocasión de escribir esa carta de Reyes.

La mayoría de las diversidades se relacionan con el déficit o con situaciones de partida deficitarias. Estas diversidades tienen en común un punto de partida quegenera mayores dificultades de conseguir el bienestar o hacer realidad su proyecto de vida.

Desde la orientación educativa se hace atención a la diversidad cuando se valora qué necesidades tiene una persona dentro del sistema educativo y se organiza la respuesta para que cada uno pueda desarrollar al máximo su potencial.Este proceso se relaciona directamente con la equidad y si además, lo hacemos todos juntos, conviviendo y aprendiendo de la diversidad, se llama «inclusión». Inclusión, otro término, otra idea, que presentamos sin calificativos, pues todainclusión es a la vez educativa, social y especialmente humana y universal.

Revista Electrónica Educaweb
7 de diciembre de 2018

Publicaciones y referencias

AGUADED GÓMEZ, M.ª Cinta y COBOS CEDILLO, Ana (2021) «La educación inclusiva y sociedad: más allá de la normalidad». En GARCÍA, Gustavo y otros (2021) *Inclusión y sociedad*. Buenos Aires, Argentina. Pequén Académico.

BOYANO MORENO, J. Tomás y COBOS CEDILLO, Ana (2006) «La percepción del estrés laboral entre los profesionales de la orientación educativa». En: *Revista de investigación psicoeducativa*.

COBOS CEDILLO, Ana (2024) «Lectoescritura y Psicopedagogía». En SEQUÍ MUÑOZ, Luis y VILLAVICENCIO MARTÍNEZ, Rubén Abdel (Coord,) (2024) *Lectoescritura y Psicopedagogía en Iberoamérica*. CPR Caminomorisco y el centro Mexicano de investigación y formación CEMIF.

— (2023) «La maldad existe». En *Cuadernos de Pedagogía*. Diciembre.

— (2023) «El orientador tiene que orientar». En *Cuadernos de Pedagogía*. Mayo.

— (2023) «Dos cifras: 18 años de COPOE y 250 estudiantes por orientador». En *Cuadernos de Pedagogía*. 03/03/2023.

— (2022) *Manual de orientación educativa. Teoría y práctica de la Psicopedagogía*. Madrid: Narcea.

— (2022) «BurRocracia educativa». En *Cuadernos de Pedagogía*. 31/01/2022.

— (2022) «Juicios de evaluación». En *Cuadernos de Pedagogía*. 28/06/2022.

— (2022) «La maestra que habla con los niños». En *Cuadernos de Pedagogía*. Diciembre.

— (2021) «La estela amorosa de los libros». En *Diario Sur*, 11/01/2021.

— (2021) «¿Es necesaria la orientación en la Formación Profesional?». En *Revista Electrónica Educaweb*, 25/02/2021.

— (2021) «Mejor sin género». En *Diario Sur*, 2/03/2021.

— (2021) «Generación pandemia». En *Diario Sur*, 27/05/2021.

— (2021) «Igualdad de género. Decálogo de retos y orientación educativa». En Leiva Olivencia, Juan José (2021) Barcelona. Octaedro.

— (2021) «Superando la mirada binaria de género». En *Cuadernos de Pedagogía* 23/03/2021.

— (2021) «*Bachillerato, universidad y pandemia*». En *Entre estudiantes*.

— (2021) «La bondad de los desconocidos». En *Diario Sur*. Junio.

— (2021) «Bachilleres en pandemia». En *Cuadernos de Pedagogía*. 10/06/2021.

— (2021) «2021-22 El curso de la nueva normalidad». En *Entre estudiantes*. Septiembre.

— (2021) «Cuestión de autoridad». En *Cuadernos de Pedagogía*. 03/11/2021.

— (2020) «La orientación vocacional, imprescindible en infantil y primaria». En *Educaweb* 05-02-2020.

— (2020) «La educación afectivo-sexual. La asignatura imprescindible y siempre pendiente». En *Educaweb* 27-02-2020.

— (2020) «Los cinco grandes retos a los que se enfrenta el sistema educativo». En *Entre Estudiantes*, anuario 2020.

— (2020) «A vueltas con el pin parental». En *Diario Sur*, 25/01/2020.

— (2020) «Sin memoria no hay historia, ni educación». En *Diario Sur*, 18/02/2020.

— (2020) «Orientación educativa para la vida». En *Escuela* n.º 4.240, febrero.

— (2020) «COPOE: hoja de ruta». En *Revista AOSMA*, marzo 202 (2020) «Nos vemos en el Zaragozano». En *Diario Sur*, 6/09/2020.

— (2019) Participación en reportaje «Alumnos que silencian el acoso escolar, ¿hay que sancionarles?». En el diario *El País*, 11/01/2019.

— (2019) Participación en reportaje «No me gusta el grado que estoy estudiando, ¿cómo cambiar de carrera?». En el diario *El País*, 24/01/2019.

— (2019) «La inversión imprescindible en investigación educativa y orientación». En *Educaweb*, 3/02/2019.

— (2019) «Tipo de estudiante según su toma de decisión vocacional». En *Entre Estudiantes*. Febrero.

— (2019) «Pedagogía del amor». En *Escuela* 4.202, febrero.

— (2019) «El proyecto de vida: el sentido de la mirada desde el interior hacia el futuro». En *Magisterio*, 27/02/2019.

— (2019) «El lenguaje machista no es educativo». En *Magisterio*, 6/03/2019.

— (2019) «Qué es eso de la nueva pedagogía?». En *Magisterio*, 26/03/2019.

— (2019) «¿Contribuye la orientación educativa a la igualdad de género?». En *Educaweb*, 27/03/2019.

— (2019) «Machismo emocional y retos pendientes para la igualdad». En *Magisterio* 24/04/2019.

— (2019) «Idiomas y grados: complemento y obligación». En *Escuela* n.º 4.210, 25/04/2019.

— (2019) «El iceberg de la orientación educativa: nuevas realidades, apasionantes retos». En *Educar y Orientar: la revista de COPOE* n.º 10, abril.

— (2019) Participación en reportaje «Cómo crear lectores: dales (buenas) adaptaciones de obras clásicas». En el diario *El País*, 6/05/2019.

— (2019) «No se puede construir la orientación como profesión si a la administración le vale cualquier título universitario para ofrecerla». En *Educaweb* 22/05/2019.

— (2019) «Es necesario replantear el Bachillerato». En *Magisterio*, 5/06/2019.

— (2019) Participación en reportaje «La falta de orientadores deja solos a los alumnos». En el diario *El Mundo*, 12/06/2019.

— (2019) «¿Vacaciones estresadas?». En *Escuela* n.º 4.218, junio.

— (2019) «¿Llegan los alumnos preparados a la Universidad? En *Entre Estudiantes*, 12/06/2019.

— (2019) «Estamos viendo a niños que se duermen en clase por las tecnoadicciones»., entrevista en el diario *La opinión de Málaga*, 2/07/2019.

— (2019) Reportaje «Nuevas apuestas formativas para acceder al mercado laboral». En el diario *El Mundo*, 18/09/2019.

— (2019) Reportaje «Tutoriales de sexo explícito, así es la educación sexual de los menores en la Red». En el diario *ABC*, 22/09/2019.

— (2019) participación en reportaje: «Estos son los motivos por los que el primer curso de la ESO produce vértigo en padres y niños». En el diario *El País*, 22/09/2019.

— (2019) «Que no daría yo para los desertores escolares». En el *Diario Sur*, 28/10/2019.

— (2019) «El instituto no es una guardería». En *Escuela* n.º 4.226, octubre.

— (2019) «Entre vertederos». En *Magisterio*, 23/10/2019.

— (2018) Reportaje de Avanza tu carrera.com: «Orientación en los colegios, ¿cómo pueden ayudarte?». En *Infoempleo* 16/01/2018.

— (2018) «La orientación contribuye a la justicia social». En *Educaweb*, 4/12/2018.

— (2018) «Competencias y la compresión del concepto». En *Escuela* n.º 4.163, febrero.

— (2018) «Robo de la infancia, un daño irreparable». En *Escuela* n.º 4.168, abril.

— (2018) «¿Y si no quiere estudiar?». En *Entre Estudiantes* n.º 220, mayo.

— (2018) «Daños por inacción». En *Escuela* n.º 4.171, abril.

— (2018) «Adelante con la prueba de acceso a la Universidad». En *Entre Estudiantes*, mayo.

— (2018) Entrevista a Ana Cobos Cedillo en *Infoempleo*.

— (2018) Reportaje «Estamos perdiendo el sentido con los cumpleaños infantiles». En *Diario 20 Minutos*, 28/10/2018.

— (2018) «Prevenir e intervenir en el acoso escolar». En *Educaweb*, noviembre.

— (2018) «¿Móvil para los estudiantes en el centro? No, en estas condiciones, no». En *Magisterio*, 7/11/2018.

— (2018) «Orientación y familias, trabajo conjunto: la clave del éxito». En *Revista Padres y Colegios*. Noviembre.

— (2018) «La acción tutorial: la función que cuida del bienestar». En *Educar y Orientar: la revista de COPOE* n.º 9, noviembre.

— (2017) «La orientación educativa precisa un nuevo enfoque internacional». En *Revista de AOSMA*, febrero.

— (2017) «La inclusión: el gran reto de la inclusión de la Orientación educativa». En *Educar y Orientar: la revista de COPOE* n.º 6, mayo.

— (2017) «No todo es acoso». En *Educaweb*, 29/06/2017.

— (2017) «Acceso a la Universidad: el colmo del despropósito y la improvisación». En *Entre Estudiantes*- Anuario 2017-suplemento especial selectividad, junio.

— (2017) «Afrontando el primer año de carrera: unos apuntes para no perderte en la Universidad». *Entre Estudiantes* n.º 215.

— (2017) «Ana es nombre de abuela: las abuelas educan». En *Escuela* n.º 4.118, enero.

— (2017) «Familias diversas, diversidad familiar, flexibilidad social». En *Escuela* 4.122, febrero.

— (2017) «La inclusión como misión futura de la orientación». En *Entre Estudiantes* n.º 213, mayo.

— (2017) «Profe, me habéis sacado de la caverna». En *Escuela* n.º 4.138, junio.

— (2017) «¿Es más fácil la paz en un mundo sin fronteras?». En *Escuela* 4.147, octubre.

— (2016) «La orientación educativa es imprescindible para mejorar la calidad del sistema educativo». En *Educar y Orientar: la revista de COPOE* n.º 4, mayo.

— (2016) Asesoramiento e intervención psicopedagógica de los profesionales de la orientación en la convivencia escolar». En Castilla Mesa, M.ª Teresa y otros (Coor.) (2016) *Formación y perfil de los profesionales para la mejora de la convivencia en contextos sociales y educativos.* Madrid. Wolters Kluwer.

— (2016) «Vuelta al cole también para el profesorado». En *Entre Estudiantes* n.º 206, septiembre-octubre.

— (2016) «El bilingüismo como marketing». En *Escuela* n.º 4.082, enero.

— (2016) «Que la diversificación no se pierda». En *Escuela* n.º 4.088, marzo.

— (2016) «Desprecio a la ciudadanía». En *Escuela* n.º 4.098, abril.

— (2016) «Los orientadores como TEDAX». En *Escuela* n.º 4.100, junio.

— (2016) «A vueltas con los deberes». En *Escuela* n.º 4.106, octubre.

— (2016) «PMAR no es lo mismo que Diversificación». En *Escuela n.º 4.110*, noviembre.

— (2015) Participación en reportaje: «Quiero acertar». En *El País*, 6/07/2015.

— (2015) «La incertidumbre no es educativa». En *Escuela* n.º 4.070, octubre.

— (2015) Entrevista: «El título es una obligación y también un derecho que debemos garantizar»., en *Magisterio*, 22/04/2015.

— (2015) Participación en reportaje: «Formación, juventud y empleo: orientación». En separata Fundación Bertelsmann de *Magisterio*, 28/01/2015.

— (2015) Participación en reportaje: «Vocación *versus* empleo». En *«Padres y colegios»*. n.º 99, junio.

— (2015) «Profesionales de la orientación y equipos directivos de los centros educativos: una clave imprescindible sobre la que reflexionamos poco». En *Educar y Orientar: la revista de COPOE* n.º 2, mayo.

— (2014) «Génesis de una idea. Presentación de la revista de COPOE»., en *Educar y Orientar: la revista de COPOE* n.º 1.

— (2014) Participación en reportaje: «Los orientadores comparten prácticas y lamentan el 'abandono'». En *Escuela* n.º 4.042, diciembre.

— (2014) «Cuidado con el determinismo». En *Aula de Secundaria de Graó* n.º 239, febrero.

— (2013) «Madres y padres coraje». En *Escuela* n.º 3.969, enero.

— (2013) «El mito del esfuerzo». En *Escuela* n.º 3.973, febrero.

— (2013) «Orientación educativa y orientación: delimitación conceptual». *Aula de Secundaria* n.º 2, marzo.

— (2013) «Me duelen los asteriscos». En *Escuela* n 3.977, marzo.

— (2013) «¿Todos por igual?». En *Escuela* n.º 3.981, abril.

— (2013) «¿Aprobado es la mitad de Sobresaliente?». En *Escuela* n.º 3.985, mayo.

— (2013) «Enseñar o aprender, ¿Quién le pone el collar?». En *Escuela* n.º 3.989, junio.

— (2012): «Profesionales de la orientación educativa: bisagras para la interculturalidad». En ÁLVAREZ, Manuel y BISQUERRA ALZINA, Rafael

— (2012) *Manual de Orientación y Tutoría* (CD-ROM). Barcelona: Wolters Kluwer Educación.

— (2012) «¿Se debe recortar en orientación educativa?». En *Escuela* n.º 3.929, enero.

— (2012) «¿Sin cuarto, sin ciudadanía y con prácticas a la alemana se bajará del 30%?». En *Escuela* n.º 3.933, febrero.

— (2012) «La teoría de la criba y la orientación profesional». *Escuela* n.º 3.937, marzo.

— (2012) «¿Para cuándo «replantear». la selección del profesorado?». *Escuela* n.º 3.939.

— (2012) «Derechos educativos especiales». En *Escuela* n.º 3.941, mayo.

— (2012) «La maternidad también forma parte del *curriculum vitae*». *Escuela* n.º 3.943.

— (2012) «La que está cayendo». En *Escuela* n.º 3.952, septiembre.

— (2012) «La vida de los otros». En *Escuela* n.º 3.957, octubre.

— (2012) «Diferentes, ¿entiendes?». En *Escuela* n.º 3.961, noviembre.

— (2012) «¿Para cuándo replantear la carrera docente?». En Escuela n.º 3.965.

— (2011) *Actas de las I Jornadas Andaluzas de Orientación educativa. Los retos de la orientación en el siglo XXI: Hacia una sociedad inclusiva.* Sevilla: Editorial MAD.

— (2011) «¿Por qué te vas? o ¿por qué dejo que te vayas?». En *Escuela* n.º 3.890, enero.

— (2011) «No puedo con el niño». En *Escuela* n.º 3.894, febrero.

— (2011) «¿Enseño o evalúo?». En *Escuela* n.º 3.998, marzo.

— (2011) «¿Competencias básicas?». En *Escuela* n.º 3.902, abril.

— (2011) «¿Tener o no tener, el graduado?». En *Escuela* n.º 3.906, mayo.

— (2011) «¿Máster en profesorado de secundaria?». En *Escuela* n.º 3.910, junio.

— (2011) «Sin tutoría». En *Escuela* n.º 3.913, septiembre.

— (2011) «De dieciocho a veinte». En *Escuela* n.º 3.917, octubre.

— (2011) «Se busca profesorado emprendedor». En *Escuela* n.º 3.921, noviembre.

— (2011) «Por obligación». En *Escuela* n.º 3.925, diciembre.

— (2011) «Asesoramiento sobre convivencia y resolución de conflictos desde la orientación «. En Castilla Mesa, María Teresa y Sánchez Sánchez, Ana María (2011) *Buenas prácticas en educación intercultural y mejora de la convivencia*. Barcelona: Wolters Kluwer.

— (2011): «La contribución a la mejora de la calidad del sistema educativo de los y las profesionales de la orientación». En Cobos Cedillo, Ana y Martín Toscano, José (Coor.) (2011) *Actas del V Encuentro Nacional de Orientación Educativa. Educar y orientar en la diversidad.*

— (2011): «Profesionales de la orientación educativa: bisagras para la interculturalidad». pp. 231-240. En Cobos Cedillo, Ana (Coor.) (2011) *Actas de las I Jornadas Andaluzas de Orientación educativa. Los retos de la orientación en el siglo XXI: Hacia una sociedad inclusiva*. Granada: Editorial MAD.

— (2011):«El Equipo de Intervención socioeducativa: una experiencia innovadora en Málaga». En *Actas del Congreso Estatal sobre convivencia escolar. Éxito educativo: enseñar a comprender y a convivir.* Ministerio de Educación. Jaén, diciembre.

— (2010) «Panorámica de la Orientación Educativa y de la Mediación ante la resolución de conflictos. El rol del orientador y del mediador». En *Actas del I Congreso de Nacional sobre convivencia y resolución de conflictos en contextos socioeducativos*, organizado por la Universidad de Málaga, en noviembre de 2008.

— (2010) «Orientadores y orientadoras: una identidad profesional asociada al desarrollo de la sociedad y del sistema educativo»., en *Revista de la Asociación profesionales de la Orientación de Castilla la Mancha*, APOCLAM, n.º 12.

— (2010) «Panorámica de la Orientación Educativa y de la Mediación ante la resolución de conflictos. El rol del orientador y del mediador». En Castilla Mesa, María Teresa y otros (2010) *Convivencia y resolución de conflictos en contextos socioeducativos*. Sevilla: Fundación ECOEM.

— (2010) «Sistema educativo y crisis socioeconómica». En *Revista Electrónica Educaweb* n.º 204.

— (2010) «¿Aprobar en septiembre?». En *Escuela* n.º 3.874, septiembre.

— (2010) «¿Y si primero miramos y después pedimos?». En *Escuela* n.º 3.878, octubre.

— (2010) «¿Buenas prácticas o práctica buena? En *Escuela* n.º 3.882, noviembre.

— (2010) «¿Sociedad y juventud pasiva? En *Escuela* n.º 3.886, diciembre.

— (2010): *La construcción del perfil profesional de orientador y de orientadora. Estudio cualitativo basado en la opinión de sus protagonistas en Málaga*. Servicio de Publicaciones de la Universidad de Málaga.

— (2009): «Seis horas de chino». En *Escuela* n.º 3.813, 36.

— (2009): «La construcción del perfil profesional de los orientadores y orientadoras de educación. Las competencias profesionales requeridas para el momento actual». En: *Enlace, Boletín de la Asociación Aragonesa de Psicopedagogía*. n.º 18, 17-18.

— (2009): «Experiencias de asesoramiento psicopedagógico». intervención en Jornadas de Orientación de COPOE celebradas en Murcia.

— (2009): «Competencias que confieren identidad». En: *Cuadernos de Pedagogía* n.º 389, 57-59.

— (2008): «La interculturalidad dentro del continuo de atención a la diversidad: una experiencia en Secundaria». En Pantoja, Antonio, Campoy, T.J., Jiménez, A. y Villanueva C. (2008): *El ca-*

rácter universal de la educación intercultural. *Actas de las I Jornadas Internacionales y IV sobre diagnóstico y orientación.* Servicio de Publicaciones de la Universidad de Jaén, 652-658.

— (2008): «Educación intercultural y cultura de la diversidad en la escuela: El compromiso del profesorado». En PANTOJA, Antonio, CAMPOY, T. J., JIMÉNEZ, A. y VILLANUEVA, C. (2008): *El carácter universal de la educación intercultural. Actas de las I Jornadas Internacionales y IV sobre diagnóstico y orientación.* Servicio de Publicaciones de la Universidad de Jaén. pp. 643-651.

— (2008): «La incorporación de los Departamentos de Orientación a los Institutos de Educación Secundaria Obligatoria en 1992». En *Revista de la Asociación de Orientadores de Secundaria de la provincia de Málaga,* n.º 2.

— (2008): «La construcción del perfil profesional de los orientadores y orientadoras de educación. Las competencias profesionales requeridas para el momento actual». En: *Revista Española de Orientación y Psicopedagogía.* Publicación de la Asociación Española de Orientación y Psicopedagogía y la Facultad de Educación de la UNED. Vol. 19, n.º 3, 3.ª cuatrimestre 2008, 334-338.

— (2008): «La orientación y la atención a la diversidad en la Ley de Educación de Andalucía: el tratamiento educativo del alumnado procedente de culturas diferentes de la andaluza». En *Actas de las I Jornadas Internacionales. IV Jornadas de Diagnóstico y Orientación.* Universidad de Jaén.

— (2008): «Los ojos de la investigación, una experiencia de formación en la práctica de la orientación educativa». En *Cooperación Educativa. Kikiriki,* n.º 89, 63-65.

— (2008): «Alternativas para convivir en las aulas: una experiencia desde la respuesta educativa». En *Escuela,* n.º 3.786, 25.

— (2008): «La construcción del perfil profesional de los orientadores y orientadoras». En *Revista Orión Revista técnico-profesional de la Asociación de orientadores de Granada* n.º 4, 23-40.

— (2008): «La orientación como elemento de calidad en el sistema educativo». En *Revista Electrónica Educaweb* n.º 174.

— (2008): «El perfil profesional de los Orientadores y Orientadoras de Educación en España». En HERNÁNDEZ GARIBAY, Jesús y MAGAÑA VARGAS, Héctor (Comp.) (2008): *Retos educativos para el siglo XXI. Primer coloquio Iberoamericano de Orientación educativa y tutoría* México: Cenzontle, 93-104.

— (2008): «La construcción del perfil profesional de los orientadores y orientadoras». En *Orión, Revista técnico-profesional de la Asociación de Orientadores de Secundaria de Granada* n.º 4, 23-42.

— (2008): «La formación inicial del profesorado: una apuesta por la reflexión, la autorización y la coordinación». En *Revista Electrónica Educaweb.*

— (2008): «Buenos tiempos para la orientación y para sus profesionales». En *Revista de la Asociación de Orientadores de Secundaria de la provincia de Málaga*, n.º 3.

— (2007): «La implantación de los Departamentos de Orientación en la Educación Secundaria». El curso 1991-1992 y los primeros Departamentos «experimentales». En *Revista de la Asociación de Orientadores de Secundaria de la provincia de Málaga*, n.º 1, pp. 16-19.

— (2007): «Reseña bibliográfica de LUQUE PARRA, Diego Jesús (2006): *Orientación psicopedagógica en el alumnado con discapacidad*, Málaga: Algibe». En *Revista Académica Internacional Education Review Reseñas Educativas.*

— (2007): «El tratamiento a la diversidad en el tránsito de Educación Primaria a Educación Secundaria Obligatoria: una experiencia desde el Departamento de Orientación». En *Actas del V Congreso Internacional Educación y Sociedad*.

— (2007): «Las adaptaciones curriculares como documento: Propuesta de un modelo basado en la práctica». En *Actas del V Congreso Internacional Educación y Sociedad*.

— (2007): «Profesionales de la educación y profesionalidad». En *Revista Electrónica Educaweb*. n.º 155.

— (2007): «Alternativas para convivir en las aulas: una experiencia desde la respuesta educativa». En *Revista Electrónica Educaweb*. N.º 159.

— (2007): «La intervención con la familia en orientación: Una experiencia de escuela de madres y padres». En *Actas del I Congreso Internacional de Orientación Educativa de Andalucía*. Granada, 4, 5 y 6 de junio 2007.

— (2006): «Adaptaciones curriculares y la atención a la diversidad: una clasificación desde la perspectiva de la práctica». En *Actas del I Congreso Internacional de Psicopedagogía*.

— (2006): «La atención a la diversidad en Educación Secundaria de Adultos». *Revista Trabajadores de la Enseñanza*, n.º 74, pp. 29-30.

— (2006): «La teoría de la criba: de cómo los intereses profesionales han de guiar la elección de carrera». *Revista Universitaria Eccus*.

— (2006): «La investigación colaborativa desde el ámbito de la orientación: experiencia práctica y mirada reflexiva». *Revista de investigación psicoeducativa*, Volumen 4, n.º 3. 228- 231.

— (2006): «Reseña bibliográfica de SÁNCHEZ CANO, Manuel y BONALS, Joan (2005): *La evaluación psicopedagógica*, Barcelona: Graó. En *Revista Académica Internacional Education Review Reseñas Educativas*.

COBOS CEDILLO, Ana y GALVE MANZANO, José Luis (2016) «Cuestiones para el debate remitidas a los partidos políticos, sindicatos y asociaciones de padres». En *Educar y Orientar: la revista de COPOE* n.º 5, noviembre.

Cobos Cedillo, Ana y Galve Manzano, José Luis (2015) «Desde la ilusión a la incertidumbre pasando por el desánimo. ¿Cuál es la situación de a educación en general y de la orientación en concreto?». En *Educar y Orientar: la revista de COPOE* n.º 3, noviembre.

Cobos Cedillo, Ana y Leiva Olivencia, Juan José (2007): «Experiencia pedagógica: un taller de técnicas de estudio». En *Revista Trabajadores de la Enseñanza*, n.º 78, 29-30.

Cobos Cedillo, Ana y Martín Toscano, José (Coor.) (2011) *Actas del V Encuentro Nacional de Orientación Educativa. Educar y orientar en la diversidad*. Málaga: Altagrafics.

Cobos Cedillo, Ana y Muela Martínez, José Antonio (2018) «Propuesta de implantación de estructuras asistenciales para la promoción universal, selectiva e indicada de la salud y el bienestar emocional en el ámbito educativo». En AAVV (2018) *Promoción de la salud y el bienestar emocional en los adolescentes: Panorama actual, recursos y propuestas*. Madrid. INJUVE.

Cobos Cedillo, Ana y Ortega Navarro, Marta (2021) «Orientando en la diversidad de género». En *Educar y orientar la revista de COPOE* n.º 14, mayo.

Cobos Cedillo, Ana y Suárez Muñoz, Araceli (2007): «Una experiencia de investigación colaborativa en orientación». En *Actas del I Congreso Internacional de Orientación Educativa de Andalucía*. Granada, 4, 5 y 6 de junio 2007.

Leiva Olivencia, Juan José, Cobos Cedillo, Ana y Pareja de Vicente, Dolores (2018) «La armonía de la inclusión: orientación y procesos pedagógicos». En Martín Solbes, Víctor M. y otros (Coord.) (2018) *Educación, derechos humanos y responsabilidad social*. Barcelona. Octaedro.

Planas domingo, Juan Antonio, Crespo Ortiz, Ernesto y Cobos Cedillo, Ana (2012) *La orientación profesional y la búsqueda de empleo.* Barcelona: Graó.

— (2012) *Manual de Asesoramiento y Orientación vocacional.* Madrid: Síntesis.